Christine Weiner

# Der Sonntagskuchen

Christine Weiner

# Der Sonntagskuchen

## Eine Geschichte von Liebe, Glück und Lebenslust

Mit Illustrationen von Katrin Assmann
und Rezepten von Eva Heß

HERDER

FREIBURG · BASEL · WIEN

Für meine Mutter, die mir das Geschenk des Streuselkuchens beibrachte.


Printed in Malaysia by Tien Wah Press

www.herder.de
Rezepte: Eva Heß, Dilsberg
Satz: Layoutsatz Kendlinger
Reproduktionen: RETE Repro, Freiburg
ISBN 3-451-27982-7

# 1. Sonntag

„Ja, es ist so und nun – weiter? Kann ich es ungeschehen machen? Nein!“

Wie hatten sie sich angeschrien …

„Und warum hast du mir nichts gesagt, sondern mich wochenlang belogen?“

Der Messerstich saß tief. Die Wunde blutete noch jetzt.

„Weil wir uns so oder so nichts mehr zu sagen hatten!“

„Dennoch hättest du ehrlich sein können.“

„Ehrlich, dass ich nicht lache. Wir haben uns doch schon das letzte Jahr nur angelogen. Du auch!“

Marie öffnete die Augen und drehte sich auf die andere Seite. Sie warf dabei einen Blick auf die Uhr. Es war 2.30 Uhr, tiefste Nacht. An Einschlafen war in der nächsten Stunde nicht zu denken. Marie kannte das schon. Sie kannte es, seit der Trennung von Sebastian. Die war jetzt … sie zählte nach, vier Monate her. Sie hatten die gemeinsame Wohnung aufgelöst, erst war Marie ausgezogen, dann Sebastian, jeweils unter dem Beistand der eigenen Freunde. Davor hatte es wieder und wieder so etwas wie Aussprachen gegeben, die aber eigentlich keine waren. Am Ende war man sich einig gewesen, dass man nicht zueinander passte.

„Wir haben uns auseinandergelebt", sagte jeder zu den Eltern. Sebastian zog zu seiner Freundin und Marie in die erstbeste Wohnung, die ihr angeboten wurde. Nur weg, hatte sie gedacht. Weg, die Seele retten und neu beginnen.

Leider hatte aber auch die Erinnerung die Wohnung mitgewechselt. Die Gedanken und auch die Traurigkeit kamen immer wieder zu Besuch. Letztere meldete sich in unregelmäßigen Abständen, am liebsten gegen drei Uhr in der Früh. Dann lag Marie mit offenen Augen da, und der letzte große Streit, der, bei dem sein Verhältnis herausgekommen war, spielte sich wie ein Film immer und immer wieder ab. Marie drehte sich in diesen Nächten von einer auf die andere Seite, und meist stand sie irgendwann auf, um müde in ihrem noch neu riechenden Wohnzimmer eine Zigarette, oder auch mal zwei, zu rauchen. Die Morgende danach fühlte sie sich wie gerädert und war unausstehlich. Sie kam zu spät zu ihrer Arbeit, schloss sich in ihrem Büro ein und war froh, wenn Sitzungen ausfielen, bei denen sie Kalkulationen vorzulegen hatte.

Mit einem Seufzer schlüpfte Marie aus ihrem Bett. Sie ging ins Bad, und ein paar Minuten später saß sie auf der Couch. Die Vorstellung, dass Sebastian in einem weiblichen Arm gekuschelt lag, während sie hier zitternd vor Müdigkeit saß, war nicht schön. Marie fühlte, wie die Verletzung sich in ihrem Körper ausbreitete. Sie kroch die Beine hoch, kletterte in ihre Arme, drang durch den Kopf, und alle drei Schmerzensflüsse vereinigten sich in ihrem Herz, das anschwoll, groß wurde und versuchte, sich durch einen Schluchzer aus ihrer Kehle wieder zu entladen. Marie weinte ohne Hemmung. Es gab hier niemanden, den sie kannte, niemand, der sie hörte. Nach einer Stunde voller Tränen fühlte sie sich so leer und erschöpft, dass auf Schlaf wieder zu hoffen war. Sie ging in ihr Schlafzimmer, nahm einen Schluck Wasser und legte sich ins Bett. Das bisschen Restwärme von ihr, das noch vorhanden war, gab ihr die Illusion eines schützenden Nestes.

Die nächsten Stunden schlief sie tief und traumlos. Als sie durch den Lärm im Nachbarhaus wach wurde, fühlte sie sich depressiv und matt. Verärgert dachte Marie daran, dass sie ihrer Mutter versprochen hatte, sich um Charlotte zu kümmern. Charlotte war ihre Großmutter. Eine Operation am Hüftgelenk hielt sie im Moment zu Hause fest.

„Ich gehe unter der Woche, kannst du bitte am Wochenende nach Charlotte schauen?", hatte die Mutter sie gebeten. Marie hatte zugesagt.

Zur Zeit waren ihre Sonntage so oder so ohne jeden Glanz. Dieser Familientag war bedeutungslos geworden. Die ersten vier Wochenenden hatte Marie das Haus nicht verlassen, um keine Paare (der schmerzhafteste Anblick waren die mit kleinen Kindern) sehen zu müssen. Jetzt tat es zwar nicht mehr so weh, dennoch wollte Marie nicht als Single durch den Park spazieren. „Es ist ja nur für acht, neun Wochen!", hatte die Mutter mit bestimmtem Ton gesagt. Zwischen den Zeilen hörte es sich für Marie so an: „Jetzt tu du auch mal“... ja, ja, sie würde schon tun. Vielleicht wurden diese Besuche im Himmel ja als gute Tat bewertet. Marie hatte sich schon lange nicht mehr, von ein paar Spenden abgesehen, in irgendeiner Weise sozial engagiert. Sie und Sebastian hatten sich nur für sich interessiert. Vielleicht waren ja nun, Dank der Besuche, ein paar göttliche Bonuspunkte drin. Etwa in Form von Fleißkärtchen, dieses Prinzip kannte sie noch aus der Schule. Aber, erinnerte sich Marie, die hatten damals ja auch eher die anderen Schüler erhalten. Die mit der schönen, sauberen Schrift.

Und nun hing sie in der Verpflichtung. Erschlagen, wie sie nach dieser Nacht war. „Ich hab' keine Lust“, stöhnte Marie, und ihr schlechtes Gewissen schlug Alarm. Einmal im Leben brauchte Charlotte sie, und dann war Marie nicht mal dazu freudig in der Lage. Sie schämte sich und zog sich an. Noch im Auto bemühte sie sich um eine bessere Laune.

Maries Großmutter stand am Fenster und nickte ihr zu. Mit den Händen hielt sie sich offenbar an den Krücken fest, die ihr das Krankenhaus mit nach Hause gegeben hatte. Charlotte wohnte schon über 30 Jahre in einem hübschen Wohnblock. Sie und Maries Großvater hatten sich hier in den 60er Jahren eine Eigentumswohnung gekauft. Die Wohnung lag im ersten Stock. „Mit Fahrstuhl“, erwähnte Charlotte immer stolz, „denn wir wollten möglichst lange hier gemeinsam leben.“ Dann hatte der Großvater aber bald Adieu gesagt. An das genaue Jahr vermochte Marie sich nicht mehr zu erinnern. Die Erinnerung an ihn war

blass, wenngleich nicht ganz konturenlos. Sie war als Kind oft mit den Eltern hier gewesen.

Marie nahm die Treppen nach oben. Charlotte stand schon in der Tür. Sie erschien Marie klein, abgemagert und zerbrechlich.

„Hallo Omi“, sagte Marie. Sie wusste nicht, ob sie Charlotte küssen sollte.

„Hallo.“ Charlotte humpelte mit den Krücken auf die Seite. „Lieb, dass du kommst.“ Sie zögerte einen Moment. „Ich hoffe sehr, du wurdest nicht geschickt!?“

„I wo“, log Marie und versuchte ein Lächeln aufzusetzen. Es kam verkrampft über die Lippen. Nach dieser Nacht für Charlotte den Pausenclown zu spielen kostete sie die letzte Kraft. Unsicher betrat Marie die Wohnung ihrer Großmutter. Sie war in den letzten Jahren nicht sehr oft hier gewesen, aber die Räume schienen unverändert.

„Willst du Kaffee oder Tee?“, rief Charlotte aus der Küche. Marie wünschte sich Kaffee. Sie brauchte etwas Starkes. Beim Blättern in der Fernsehzeitung, die sie im Wohnzimmer liegend fand, ermahnte sie sich, daran zu denken, dass Charlotte Hilfe brauchte. Marie sprang in die Küche und entdeckte sofort einen wunderschön gedeckten Tisch. Alles war schon für ihren Besuch gerichtet. Charlotte musste dafür Stunden gebraucht haben! Sie hatte das alte Sonntagsservice aufgetragen und die Servietten kunstvoll gefaltet. Auf Maries Teller – Marie nahm zumindest mal an, dass es ihrer war – lag ein kleiner Marienkäfer aus Schokolade.

„Ein Glückskäfer“, sagte Charlotte über die Schulter hinweg, „ich dachte mir, etwas Glück kannst du gebrauchen.“ Nun drehte sie sich ganz um und sah ihrer Enkelin ins Gesicht. Marie zuckte mit den Achseln. Was sollte sie schon dazu sagen? Am Ende fing sie noch an zu heulen.

„Na, na!“ Charlotte zwinkerte ihr aufmunternd zu. „Ich bin jetzt mal ganz mutig und sage: Sei froh, dass dein Herz wieder frei für die große Liebe ist! Für den Zauber des Lebens. Ist es nicht wunderbar, ganz von vorne anzufangen?“

Wie kam Charlotte zu diesen Phrasen? Marie fühlte, wie der Ärger in ihr kochte. Sie hasste es, wenn man versuchte, miese Dinge schön zu reden.

„Du hast Sebastian wohl nicht gemocht?“, erkundigte sie sich in einem harten Ton.

„Nicht sehr“, gab Charlotte ehrlich zu. „Er hat mich nicht inspiriert.“

Sie blickte sich nach Marie um und gab dieser ein Zeichen, den Kaffee an den Tisch zu holen. „Sicherlich war er kein unfreundlicher Mensch“, sie machte eine Pause. „Wenngleich ich es nicht akzeptieren kann, dass er dich mit einer anderen hinterging. Über solche Entgleisungen kann man schließlich reden.“

„Oma …“, stöhnte Marie. Entgleisungen, was war denn das für ein Begriff? „Wir hatten uns ganz einfach auseinandergelebt. So war das. Und mir geht es auch schon richtig gut.“

Um Himmels Willen, Marie hatte wirklich keine Lust, ausgerechnet mit Charlotte über Beziehungen zu reden!

„Gibt es keinen Kuchen?“, fragte sie, um das Gespräch auf ein anderes Thema zu lenken.

# Warmer Orangenbiskuit

*5 Eier*
*270 g Zucker*
*Schale von 3 ungespritzten Orangen*
*3 cl Orangenlikör*

*375 ml Sahne*
*300 g Mehl*
*75 g Kakao*
*15 g Backpulver*

*Für die Tränke:*
*40 g Zucker*
*40 ml Wasser*
*4 cl Orangenlikör*

Eier, Zucker, Orangenschale und Orangenlikör mit dem Schneebesen glatt rühren. Die Sahne halbflüssig aufschlagen und ebenfalls unterrühren.
Mehl, Kakao und Backpulver sieben. Anschließend ebenfalls unterrühren und die dann fertige Masse in eine Springform füllen.

Bei 180 °C 35 bis 40 Minuten backen.

In der Zwischenzeit Zucker und Wasser aufkochen und zum Schluss den Orangenlikör zufügen.
Nach dem Backen wird der warme Kuchen mit der gekochten Flüssigkeit getränkt und noch lauwarm mit etwas geschlagener Sahne serviert.

„Wenn du das Tuch hebst, wirst du ihn entdecken!“

Erst jetzt sah Marie, dass auf dem Tisch eine Platte stand, die von einem Tuch bedeckt wurde. Sie hob den einen Zipfel. Ein Wohlgeruch von warmen Orangen strömte ihr entgegen. „Was ist das für ein Kuchen?“, fragte sie neugierig und schaute zu ihrer Großmutter herüber. Der Duft zog ihr durch die Sinne, bis ins Herz. Sie schloss die Augen. Irgendetwas geschah. Es war, als wollte der Kuchenduft ihr etwas mitteilen. „Beruhige dich, schöpfe Kraft, trau dich“ ... alles das lag in diesem Duft. Marie spürte fast körperlich, dass etwas mit ihr passierte, aber sie wusste noch nicht, was. Es war ihr auf einmal wohl, und auf gewisse Weise fühlte sie sich leichter und befreit.

„Riecht der aber gut!“, stammelte sie und spürte, wie ungewohnt, ein Lächeln in ihrem Gesicht entstehen.

„Ja, ich liebe diesen Kuchen auch!“, meinte Charlotte. „Wenn ich Orangenbiskuit esse, dann wird mir selbst dieses momentane Gefängnis weit. Dann möchte ich reisen, Klavier spielen oder Gedichte lesen. Kennst du das Gefühl?“

Marie wusste nicht genau, wovon Charlotte sprach. Sie konnte nicht Klavier spielen, und ans Reisen war augenblicklich nicht einmal zu denken. Wo sollte sie denn hin, so allein, wie sie jetzt war? Marie hatte keine Lust auf Gruppen. „... und alleine reisen macht mir keinen Spaß.“ Traurig holte sie sich ein Stück Kuchen. Er war warm, deswegen duftete er wohl so sehr.

„Wusstest du, dass Gerüche Sinne öffnen?“ Charlotte schien nicht aufzugeben. „Als dein Großvater starb, da wollte ich nichts mehr riechen.

Kein Parfum, keine Blumen, keine Orangen. Ich wollte mich in eine Ecke verkriechen, und alle sollten mich bitte übersehen. Es war eine sehr trübe Zeit. Wie Herbst. Ich konnte mir nicht mehr vorstellen, dass ich irgendwann wieder so etwas wie Lebensfreude empfinden würde. Dann kam eine liebe Freundin zu Besuch und brachte mir warmen Orangenbiskuit. Diesen hier, den ich heute dir gebacken habe. Ich weiß noch, wie ich ganz zögerlich daran schnupperte. Er roch nach Leben und Verheißung. Er roch nach Wundern und nach dem Verheilen von Wunden, wenn wir bereit sind loszulassen. Er roch nach Inspiration."

„Inspiration?"

Das Wort war schön. Es klang verführerisch. Nie zuvor hatte Marie ihre Großmutter auf diese Weise sprechen gehört. Auch nicht über ihre Trauerzeit. Vielleicht konnte sich Charlotte ja denken, wie es Marie seit ein paar Wochen ging. Auch wenn Sebastian nicht gestorben war. Diese Tränen, obwohl sie die Trennung akzeptierte. Jahr um Jahr war er ihr fremder geworden. Wenn sie zurückdachte, dann wusste sie gar nicht mehr, was sie überhaupt verbunden hatte.

„Ich habe ganz vergessen, was Inspiration ist", sagte Marie. „In mir ist alles tumb und leer."

Ohne, dass Charlotte sie gefragt hatte, erzählte Marie von den letzten Wochen. Wie schwer ihr das Arbeiten fiel und wie fremd sie sich in der neuen Wohnung fühlte. Sie hatte keine Idee, wie sie die Möbel stellen wollte, sie fühlte keinen Drang, Blumen und Bilder zu arrangieren. Charlotte hörte ihr aufmerksam zu. Wenn Maries Tasse leer war, dann schenkte sie ihr nach, und wenn der Teller sich leerte, reichte sie ein neues Stück

Kuchen. Die Worte sprudelten nur so aus Marie heraus. Sie wusste nicht mehr, wie es weiterging, was sie eigentlich vom Leben wollte. „Ich habe das Gefühl für mich verloren“, aus traurigen Augen sah sie Charlotte an.

„Dann iss von deinem Kuchen!“

Auch Charlotte schob eine kleine Ecke Orangenkuchen in ihren Mund. Genießerisch ließ sie die Augen nach oben rollen. „Düfte, Gerüche sind etwas Wunderbares. Wenn es im Leben grau ist, wenn uns nichts mehr einfällt, dann können wir unsere Stimmung damit etwas bunter gestalten. Je besser, wir uns innerlich fühlen, desto offener sind wir für das Neue. Die Scheuklappen der Verzweiflung lassen nicht zu, dass wir die Welt in all ihrer Schönheit erkennen. Wir sind dann nur traurig und wollen es auch bleiben. Genüsse wie dieser Orangenbiskuit locken dich aus diesem Schneckenhaus hervor. Sie flüstern: Komm, hier draußen ist ein fröhliches Leben. Hier lachen Kinder, blühen Rosen und zwitschern die Vögel. Die Schokoladenraspeln erinnern dich, dass es die Liebe gibt und dass auch du jeden Tag die Möglichkeit zu lieben hast. Du musst nur selbst ein wenig zärtlich mit dir sein. Die Orangen werden dir dabei helfen.“

„Das liest du alles aus einem Stück Orangenbiskuit heraus?“

Marie besah sich verblüfft die letzten Krümel des Kuchens, die noch auf ihrem Teller lagen.

„Na klar. Der Kuchen, der Duft hilft uns zu erinnern, wenn uns die Phantasie abhanden geht. Wenn wir nicht mehr wissen, wie ein Windspiel klingt, und vergessen haben, dass fröhliche Kinderaugen die Seelen der Erwachsenen küssen.“

Charlotte sprach so schön. Marie fühlte, wie die Worte vergessene Bilder in ihr auslösten. Es war ihr, als würden ihre Sinneskanäle nach einem langen Schlaf erwachen. Ihr Herz begann aufgeregt zu klopfen, und sie hatte ein Bedürfnis nach Musik. Der Kuchen war voller Zauber, das war klar. „Ich, ich ...“, stammelte Marie zusammenhanglos in sich hinein.

Charlotte stand auf, um eine Orange aus dem Obstkorb zu holen.

„Schau sie dir an, wie schön sie ist. Wie satt ihre Farbe!“ Sie drückte die Orange Marie in die Hand. „Fühl ihre Oberfläche, ihre Schwere. Wie voll sie ist, wie reich. Bemerke, wie großzügig sich ihr Duft verströmt, wie schon bald deine Hände nach ihr riechen werden. Und folge deinen Gedanken, die sich aus dieser Erfahrung heraus entspinnen. Orangen sind voller Kraft und Freude. Sie bringen die Sonne in graue Tage zurück. Ihr Duft trägt uns nach Süden.“

„Am besten, ich zieh bei dir ein“, schmunzelte Marie, „das kann ich mir gar nicht alles merken, und deine Geschichten tun so gut.“

„Keine Geschichten!“ Charlotte schüttelte mit ihrem Kopf. „Es ist das wahre Leben! Willst du dich darauf einlassen und mit dem Lebensspiel erneut beginnen?“

Marie antwortete leise: „Ja.“

Etwas Neues brach in ihrem Leben an. Sie spürte es – aber sie wusste noch nicht, wohin es sie führen würde.

# 2. Sonntag

Der Nachmittag mit Charlotte hatte gut getan. Er klang in Marie noch die nächsten Tage nach. Wenn sie an die Stunden dachte, dann breitete sich ein Wohlgefühl in ihr aus, das sie schon lange nicht mehr so intensiv gespürt hatte. Wie lange war es her, dass sie mit ihrer Großmutter einmal länger gesessen hatte? Die Besuche der letzten Jahre waren eher Stippvisiten gewesen, wenn sie zum Beispiel mit Sebastian samstags vom Wochenmarkt kam und Charlotte schnell-schnell ein paar Blumen in die Wohnung reichte. Die Besuche hatten oft etwas Unbeholfenes gehabt. Marie hatte sich zwischen den Stühlen sitzend gefühlt. Sebastian war nicht unbedingt das, was man gesellschaftstauglich nannte. Meist war er schlecht gelaunt, sprach sehr wenig, und Marie atmete auf, wenn sie wieder zu Hause waren. Sie hatte sein Benehmen für sich immer mit einer Art von Schüchternheit entschuldigt. Wenn sie alleine mit ihm war, dann war er der liebste Mann. Ihre gemeinsamen Wochenenden waren verträumt gewesen. Sie hatten sich Zeit füreinander genommen, waren ins Fitness Center gegangen oder in den Wald. Marie mochte Sport und frische Luft. Aber eigentlich auch nicht immer und schon gar nicht jedes Wochenende. Es hatte ihr oft, jetzt musste sie wieder an Charlottes Worte denken: die Inspiration gefehlt. Der Austausch mit Freunden, Kino, Museen. Marie nahm sich das letzte Stück, das noch vom Orangenkuchen übrig war. Inspiration… ihr war nach Süden, Malen, nach Abenteuer, Freiheit und Weite. Alles das konnte sie jetzt haben. Sebastian hatte sich ja nicht gemeldet. Na ja, er hatte jetzt auch Besseres zu tun. Ehe sich Marie versah, wurde es wieder trüb in ihr. Es ging ganz schnell, sie musste nur an ihn denken. Sie war allein. Der große Sehnsuchtsvogel saß ihr dann sogleich auf der Schulter und zwitscherte sein trauriges Lied. Es war ein Lied, das von Hoffnungslosigkeit und nicht gestillter Liebe sang. Marie spürte die Tränen in sich aufsteigen. Ohne Sebastian, ohne einen Mann… wie würde das Leben sein?

Sie ging in ihren Wintergarten und stellte sich ans Fenster. Es regnete in Strömen. Natürlich, was auch sonst? Noch war es Sommer, aber das Wetter kümmerte sich nicht darum. Marie sah den kleinen Bächen zu, die das Dach des gegenüberliegenden Hauses hinunterplätscherten. Sie erinnerte sich an ihre Zeit als Kind, an das Haus, in dem sie mit ihren Eltern gelebt hatte. Ein Stadthaus war es gewesen. Wenn sie als Kind aus dem Fenster gesehen hatte, dann blickte sie auf das Dach des Nachbarhauses. Die Fenster waren damals sehr groß, riesig, oder kam ihr das heute nur so vor? In ihrem Kinderzimmer war eine breite Fensterbank gewesen, auf der sie es sich immer gemütlich machte. Marie hatte diesen Platz geliebt! Sie hatte auf der Bank gesessen, Märchenplatten gehört und dazu gemalt, geknetet und Lego gespielt. Wenn sie jetzt die Augen schloss, dann konnte sie sich so zurückversetzen, dass sie sogar die Geräusche ihrer Mutter aus dem Flur und der Küche hörte. Es hatte auch eine kleine blaue Spieluhr gegeben. Wenn man die Spieluhr aufzog, erklang eine Melodie aus Schwanensee, und die drei Elfen auf dem Deckel drehten sich mit nach oben gestreckten Armen im Kreis.

Marie summte leise zu den Bildern in ihrem Kopf. Sie schloss die Augen und sah sich als Kind sitzen, ganz versunken in ihr Spiel. Wie war sie damals weggetaucht. Welch glückliche Zeit war das gewesen, als sie weder etwas von „Just in time“ noch „Kostenrechnung“ ahnte. Marie öffnete abrupt die Augen und erinnerte sich an das Gespräch, das sie morgen mit einem der Vorstände zu führen hatte. Ihr war nicht danach. Tja, die Schwanenseezeit war vorüber, und Elfen gab es nicht.

„Habt ihr euch nochmal ausgesprochen?“, fragte ihre Mutter am Telefon. Marie verneinte. „Vielleicht ist das besser so. Soll er mit der anderen glücklich werden. Ich werde es auch sein.“

„Und der Urlaub, den ihr geplant hattet?“, wollte ihre Mutter wissen. Marie hörte das Zittern in der Stimme. Die Mutter hatte Angst, dass Marie sich einsam fühlte, dass es niemanden gab, keine Freundinnen, keine Freunde, weil Marie und Sebastian immer allein und auf sich bezogen gelebt hatten.

„Ich habe mich zu einem Malkurs in Italien angemeldet“, hörte sich Marie auf einmal sagen. Woher kommt denn die Idee?, fragte sie sich überrascht. Außerdem hatte sie ihre Mutter noch nie so direkt angeschwindelt. Zum Glück sah diese keinen Grund, um nachzufragen. Als das Gespräch beendet war (was es bald war), setzte sich Marie hin und aß endlich das Stück des Orangenbiskuits, das sie noch immer in der Hand hielt. „Inspiration", flüsterte sie leise. War das eben Inspiration gewesen, das mit dem Malkurs in Italien, den es vielleicht gar nicht gab? Sie träumte sich in ein altes Bergdorf und sah sich mit Aquarellblock und Farben in einer Wiese sitzen. Gleich stieg wieder dieses wohlige Gefühl in ihr auf. Hatte Charlotte nicht auch von solch einem Gefühl gesprochen und dass man darauf vertrauen sollte? Dass es eine Art Ruf war, den man durch dieses Gefühl hörte? Marie holte sich einen Zettel. Nach Elfen suchen!, vermerkte sie darauf. Ja, es waren Feen und Elfen, die sie jetzt brauchte. Marie hatte Sehnsucht nach Zauber und Romantik. Die Spieldose, die Melodie, Italien und selbstvergessenes Malen konnten vielleicht ein Wegweiser dorthin sein. In das Land der weichen Gefühle. Marie fühlte, wie ihre Augen zu glänzen begannen. Sie hatte sich schon lange nicht mehr so erfüllt gefühlt. Ihr Herz schlug grundlos aufgeregt. Es erinnerte sich an Sommer, grüne Badewiesen und Kinder, die quiekend in einen See hüpften. Es hörte Schwanensee, Salsa und alte Beatles Lieder. Die Erinnerung war ein großer Schatz, ein wiederentdecktes Gefühl, und Marie hatte schon jetzt Angst, es wieder zu verlieren. „Verlieren werde ich es nicht", beruhigte sie sich schnell. „Und wenn doch, dann werde ich Orangenbiskuit essen." Sie wollte der Inspiration wieder den Platz in ihrem Leben geben, der ihr gebührte.

Marie wartete voller Ungeduld die nächsten Tage ab. Hoffentlich war bald Sonntagnachmittag! Sie wollte ihrer Großmutter von dieser schönen

Erfahrung erzählen, aber nicht am Telefon. Marie wollte, dass die Großmutter in ihren Augen sah, wie gut es ihr bei diesen Gedanken ging. Und sie wollte auch danke sagen. Danke für das Gespräch, ohne das sie diese Erfahrung nicht gemacht hätte. Ohne das sie über die Bedeutung von Inspiration in ihrem Leben gar nicht nachgedacht hätte.

„Die Sonne zeigt sich langsam wieder!", sprudelte es am kommenden Sonntag aus ihr heraus, kaum dass Marie ihre Tasche abgestellt hatte. Charlotte strahlte. Sie umfasste Marie, so gut es mit den Krücken eben ging. „Ich freue mich, dass es dir besser geht", sagte sie dabei. „Komm rein." Wieder hatte Charlotte den Kaffeetisch in der Küche gedeckt. Die Balkontür stand offen, und von der Eckbank aus konnte der Blick über Gärten und Felder schweifen. Marie hatte ganz vergessen, wie schön Charlotte wohnte. Sie ging auf den Balkon und stützte sich am Geländer ab. Der warme Wind strich ihr durchs Haar, es war still – Sonntagsruhe. „Magst du Sonntage?" Marie drehte sich um und sah nach Charlotte. Die stand etwas unbeholfen an der Spüle und versuchte, die Kaffeekanne vom Filter zu befreien und das alles mit einer Hand. „Entschuldige!", stieß Marie aus und sprang herbei, um ihrer Großmutter zu helfen. Wie hatte sie vergessen können? Dabei war sie doch hier, um Charlotte zu verwöhnen und nicht, um sich verwöhnen zu lassen. Immer wieder vergaß sie das, doch Charlotte winkte ab. „Es gibt Streuselkuchen", sagte sie. „Er ist ganz frisch, dann schmeckt er am besten. Hol ihn doch bitte aus dem Ofen."

Marie öffnete die Klappe, und ein unglaublich appetitlicher Duft schlug ihr entgegen. Sie war sich sicher, dass sie gleich weder an Kalorien

# Streuselkuchen

*Für den Hefeteig:*
*500 g Mehl*
*30 g Hefe*
*200 ml Milch*
*70 g Butter*
*70 g Zucker*
*2 Eier*
*1 Prise Salz*

*Für die Streusel:*
*200 g Butter*
*120 g Zucker*
*320 g Mehl*

Die Milch auf ca. 40 °C erwärmen und die Hefe darin auflösen.
Mehl, weiche Butter, Zucker, Eier und Salz in eine Schüssel geben und mit der aufgelösten Hefe zu einem glatten Teig verarbeiten. Den Teig an einem warmen Ort mindestens zwei Stunden gehen lassen.
In der Zwischenzeit aus Butter, Zucker und Mehl die Streusel zubereiten.
Den gegangenen Hefeteig ausrollen und ein gefettetes Backblech damit auslegen. Alle Streusel gleichmäßig darauf verteilen und erneut ca. eine Stunde gehen lassen.

Bei 190 °C ca. 25 Minuten backen.

Zum Schluss mit etwas Puderzucker abstauben und frisch servieren.

noch an Speckpölsterchen denken würde. „Er duftet verlockend!", sagte sie anerkennend und blickte hinauf zu ihrer Großmutter. „Na dann schnell raus damit!", sagte Charlotte neckisch und sah Marie zu, die mit zwei Topflappen hantierte. Die Ränder des Hefekuchens waren herrlich braun, auf der Oberfläche viele, viele etwas hellere Streusel. Der Zucker der nicht geschmolzen war, hatte sich in eine glitzernde Knusperdecke verwandelt. Marie konnte nicht widerstehen und begann, einzelne Streuselteilchen zu lösen und sich noch im Stehen in den Mund zu stecken. „So hast du es als Kind auch schon gemacht", hörte sie Charlotte beim Hinsetzen sagen. „Du hast nicht abwarten können, und deine kleinen Fingerchen suchten den Kuchen nach Streuseln ab, die etwas locker waren, oder deren Fehlen nicht so auffiel." „Aber es fiel immer auf", lachte Marie. Sie hatte sich als Kind nicht zurückhalten können. Der Streuselkuchen war ihr wie eine zuckrige Mondlandschaft erschienen, die es zu erforschen galt. Sie hatte sich für den Boden nicht interessiert, alleine für die Streusel und den Rand. Die langen knusprigen Ränder, die Charlotte oder ihre Mutter an der Seite des Bleches abschnitt. Das mit den Rändern hatte sie als Kind im *Fliegenden Klassenzimmer* gelesen, dort konnte man die Ränder beim Bäcker für ein paar Pfennige kaufen. Dank dieser Lektüre waren gerade die Ränder etwas Besonderes für sie als Kind geworden.

„Wenn es mal nicht so viele Streusel auf dem Kuchen gab, warst du immer richtig traurig", erzählte Charlotte. „Du hast es gleich persönlich genommen, dabei hatte ich vielleicht einfach nicht genügend Zucker oder Mehl im Schrank."

Marie schenkte sich und Charlotte Kaffee ein. Sie nahm einen

Schluck und genoss die Wärme und das Aroma des Kaffees. Persönlich nahm sie noch immer das eine oder andere, was ihr vielleicht nicht galt, dachte sie dabei. Marie wusste um diese Schwäche. Dass sie sie schon als Kind gezeigt hatte, war ihr allerdings neu.

„Ich kenne diesen Kuchen schon mein ganzes Leben", sagte sie lächelnd und blickte zu Charlotte. „Immer gab es Streuselkuchen." „Und vor deiner Zeit gab es ihn auch. Es gab ihn schon, als deine Mutter ein kleines Mädchen war, ja, sogar als ich noch im Kinderalter war." Charlotte zwinkerte Marie zu. „Der Kuchen, dieses Rezept, begleitet die Mitglieder unserer Familie seit Generationen. Er wurde auf Kindergeburtstagen, zu Hochzeiten, Feiertagen und auch zu Beerdigungen gebacken. Das Rezept ist nichts besonderes und war immer da. Unzählige Menschen deiner Familie haben schon vor dir Streusel abgelöst. Allerdings, mit der Vorliebe

für die Ränder stehst du alleine da. Das heißt, mein Bruder mochte sie auch sehr gerne." Charlotte machte eine kurze Pause. „Wir haben zu Streuselkuchen gelacht und geheult. Es gibt in unserer Familie kein Fest, kein Treffen ohne diesen Kuchen."

Ja, so war es. Wenn Marie in ihrem Leben zurückblickte, dann hatte es tatsächlich kein Treffen ohne diesen Kuchen gegeben. Er war ein Ritual. Aber auf diese Weise hatte Marie den Kuchen noch nie betrachtet. Sie hatte immer gemutmaßt, er sei da, weil er schnell ging und günstig war. Nun offenbarte sich der simple Hefekuchen aber in einem gänzlich anderen Licht. Die Welt hatte sich verändert, sie war erwachsen geworden, Vorfahren waren gestorben, der Kuchen, dessen Rezept sie nicht einmal wusste, war noch immer da.

„Dann ist dieser Kuchen eigentlich mehr als Kuchen", überlegte sie laut, „obwohl er, das muss ich dir sagen, einfach auch wirklich superlecker schmeckt!“ „Ja“, Charlotte schnitt ein weiteres Stück vom Blech. „Er ist Tradition. In ihm stecken die Erlebnisse, Gefühle, Geschichten unserer Familie. Allein du kannst schon von 32 Geburtstagsfesten erzählen, an denen es ihn gab. Von mir, deiner Mutter, deiner Tante gebacken. Wir haben zusammen den Teig geknetet und uns dabei ausgetauscht. Wir haben in düsteren Kriegszeiten, als es keinen gab, uns an ihn erinnert, und er war das Symbol für Frieden und Gemeinschaft. Wir sahen uns wieder im Kreis der Familie zusammensitzen und Streuselkuchen essen. Das war der Hoffnungsschimmer. Und, das ist auch noch wichtig, wir hatten immer unser eigenes, besonderes Rezept! Das Streuselkuchenrezept unserer Familie ist mit keinem anderen zu vergleichen oder auszutauschen, denn es stecken unsere Geschichten darin. Der Kuchen ist eine Botschaft! An diesem Tisch, mit mir gegessen, sagt er dir, dass wir ein und derselben Sippe angehören. Wenn du ihn bewusst für einen anderen Menschen bäckst, dann ist das ein Zeichen von: Du gehörst zu uns, du darfst Teil von dieser Familie werden.“

Marie liefen wohlige Schauer den Rücken hinunter. Sie hatte das Gefühl von absoluter Geborgenheit und fühlte die Kraft ihrer Familie. „So schöne Sachen erzählst du hier“, meinte sie verträumt, „und ich weiß nicht einmal, wie das Rezept von Streuselkuchen geht.“ Nicht im Traum hatte sie je damit gerechnet, dass dies auch ein Verlust sein könnte. „Wenn du so willst, bin ich gar nicht in der Lage, jemanden auf diese Weise in unsere Familie einzuladen.“

Und selbst wenn sie es könnte, für wen hätte sie denn gerne einen

Streuselkuchen gebacken? Für Sebastian war es ja wohl zu spät. Sie hatten nie über eine eigene Familie nachgedacht. Familie waren die Eltern und Verwandten. Man ärgerte sich darüber und drückte sich davor. Familie zu haben war anstrengend, Familie nicht zu haben war undenkbar. Dass Familie noch weiter ging, zurück zu den Ahnen, war für Marie ein neuer Aspekt. Der Bruder ihrer Großmutter hatte die Ränder so geliebt wie sie? Wie hieß der Mann? Wann war er gestorben? Marie konnte sich an diesen Mann gar nicht erinnern, also musste er schon lang verstorben sein. Gab es noch andere Familienmitglieder, die sie vielleicht nicht kannte? Mit wem von ihnen hätte sie gerne Streuselkuchen gegessen? Und heute? Mit ihrer Freundin Greta ... mit der würde sie sich sofort einen teilen, schoss es Marie durch den Kopf. Mit Greta war sie seit über zehn Jahren befreundet. Nie hatte sie Greta gesagt, wie kostbar ihr diese Verbindung war. Nie über ihre Familie erzählt, wen es alles gab, wen sie mochte, wen nicht und welche Dramen und Freudengeschichten sich ereignet hatten.

„Ich weiß ziemlich wenig von uns, wird mir gerade klar“, gestand Marie ihrer Großmutter. „Kannst du mir nicht etwas erzählen?“

Charlotte leerte ihre Tasse und pickte die letzten Krümel auf ihrem Teller mit der Gabel auf. Draußen spielten Kinder Gummitwist, und der Nachbar von unten hörte laute Musik. Marie fühlte sich mitten im Leben. „Weißt du was“, Charlotte rieb sich die Hände, „ich habe noch genügend Butter Mehl und Zucker im Haus. Wie wäre es, wenn wir einen Kuchen miteinander backen? Ich glaube, das ist für den Anfang das Wichtigste. Alles weitere kommt nach. Wir backen den Kuchen, und du erzählst mir von Italien. Vergangenheit ist wichtig, Zukunft aber auch. Deine Ahnen begleiten dich so oder so, du kannst sie nicht verfehlen. Der Kuchen ist aber für das Jetzt und Heute wichtig. Stell dir vor, du bekommst ein Kind und kennst nicht das Rezept. Oder, du lädst dir eine liebe Freundin für den Abend ein und hast nichts da zum Anbieten…" Charlotte lachte und streichelte Marie über die Wange. Marie lachte auch. Ein Kind? Jetzt, wo sie gerade den Mann verloren hatte. Aber warum nicht daran denken? Irgendwann gab es vielleicht wieder eine Zukunft, und möglicherweise fing diese ja mit ihrem ersten selbst gebackenen Streuselkuchen an. Sie würde nachher Greta anrufen, das war sicher. Sie würde ihr von Inspiration und Tradition erzählen und dass es ihr schon besser ging. Viel besser als gedacht. Dass sie in Urlaub fahren würde, in einen Ort, den sie noch nicht kannte. Und sie würde Greta sagen, wie wichtig ihr diese Freundschaft war. Solange es diese Freundin gab, war Marie nicht allein. Es würde weitergehen, denn sie hatte eine Freundin und eine Familie.

„Bring mir das Rezept von unserem Streuselkuchen bei!", sagte Marie gerührt und küsste Charlotte die Innenfläche ihrer Hand.

# 3. Sonntag

„Und stell dir vor, Omili, der Kuchen ist mir geglückt“, Marie klatschte vor Freude in die Hände. Sie konnte es selbst nicht fassen, dass alles gestimmt hat. Der Hefeteig, die Streusel „und ich habe so viele Streusel darauf gestreut, dass sie fast von den Rändern purzelten.“

Sie lachte und ging zum Küchenschrank, um Teller und Tassen herauszuholen. „Schau“, sie nahm Charlotte sanft am Ellenbogen und führte sie zum Fenster. Über den Feldern war ein Regenbogen zu sehen. „Siehst du“, schmunzelte Charlotte. „Und du hast dich neulich noch so über den Regen aufgeregt. Aber ohne Regen kein Regenbogen.“ „Und die Sonne ist auch dabei… “ „… auch wenn wir sie manchmal nicht sehen!“, vervollständigte Charlotte den Satz.

Sie hatte ihre Freude an Marie. Die dunklen Augenringe vom ersten Sonntag waren schon fast verblasst, und die Augen bekamen langsam wieder den alten Glanz der Kindertage. Marie war ihre liebste Enkelin. Sie fühlte sich mit ihr verbunden. Nicht aufgrund der Gene, sondern von Herz zu Herz. Wie hatte es sie geschmerzt, mit anzusehen, wie Marie in den Jahren mit Sebastian immer mehr an Ausstrahlung verlor. Ihr kleiner Kobold, ihr Feenkind, war bleich und grau geworden! Eine junge Frau, mit der Seele einer Einsiedlerin. Wie hatte sich Marie immer bemüht, eine Brücke zu schlagen zwischen ihr und Sebastian. Es war nicht geglückt, weil die beiden Brückenpfeiler von unterschiedlicher Qualität und Höhe waren.

„Greta war ganz gerührt", plauderte Marie munter vor sich hin, „dass ich für sie einen Kuchen gebacken hatte. Als ich ihr dann erzählte, dass es sich dabei auch noch um einen Traditionskuchen handelt, wurde sie ganz sprachlos. Sie hat vor lauter Ergriffenheit fast nichts mehr hinuntergebracht. Wir haben dann von unseren Familien erzählt und später Schwesternschaft gefeiert."

Charlotte stellte Sahne und Zucker auf den Tisch. Marie fiel auf, dass sie vor lauter Erzählen schon wieder nicht ans Helfen gedacht hatte. Sie besah sich ihre Großmutter vom Platz aus. Unglaublich, wie gut sie mit den Krücken klar kam. Überhaupt, sie hatte noch nicht einmal geklagt oder gejammert. Wenn Marie krank war, dann legte sie sich sofort mit einem nassen Waschlappen auf der Stirn ins Bett, nur damit auch alle sahen, wie hundeelend es ihr ging. Sebastian hatte sich daran nicht gestört. Manchmal hatte er ihr einen Tee gekocht. Wenn er in Geberlaune war, dachte Marie bitter. Je länger sie getrennt waren, desto häufiger kamen ihr die dunklen Geschichten dieser Beziehung hoch. Wie sie gestritten hatten. Wie ihr die Luft zum Atmen fehlte. Es schüttelte sie fast, wenn sie sich daran erinnerte.

„Marie, Kind“, Charlotte betrachtete sie besorgt. „Was ist mit dir? Deine Stirn liegt in Sorgenfalten und deine Grübchen sind verschwunden.“
„Ich weiß auch nicht“, antwortete Marie. „Es ist noch immer schlimm, wenn ich an Sebastian denke. Wir hatten uns auseinandergelebt, und er hat eine andere Frau. Aber wenn ich daran denke, dann belastet mich mehr der Gedanke, einem Gefängnis ganz knapp entkommen zu sein. Ich frage mich, wie es passieren konnte, dass ich mich damals so aufgab. Und dass ich davon gar nichts bemerkt habe. Erst jetzt spüre ich die Fesseln dieser Beziehung, jetzt, wo doch alles vorbei ist. Fast bin ich froh, nichts von ihm zu hören. Am liebsten würde ich ihm rückwirkend den Hals umdrehen.“

Nun musste sie doch lachen, aber es war kein vergnüglicher Klang darin zu hören, das wusste Marie selbst. Ihr Brustkorb wurde eng. Nicht viel, und sie würde hier in Tränen ausbrechen. Dabei war sie doch voller Heiterkeit zu ihrer Großmutter gefahren. Sie hatte es kaum abwarten können, von dem Streuselkuchen und Greta zu erzählen. Auch Charlotte war nun ruhig. Es hing eine merkwürdige Spannung in dem kleinen Küchenraum. Der Regenbogen war verschwunden, der Regen wieder da. Beide saßen da, und Maries Gedanken waren schwer.

„Ich möchte, dass du mir im Garten ein paar Blumen pflückst“, bat Charlotte sie mit einem Mal. „Ich finde einen Kaffeetisch ohne Blumen schrecklich.“

Au weia, dachte Marie, nicht einmal daran habe ich gedacht. Vor lauter Greta-Freundin-Streuselkuchen-Geschichte habe ich auch noch die Höflichkeit vergessen. Dabei war es das, was sie sogar in ihren Arbeitsalltag versuchte zu integrieren. Sorgsam mit anderen umgehen und auf ein paar schöne Dinge im Raum achten. Ein paar Blümchen, einen kleinen Engel, ein Souvenir, einen Gebäckteller. „Ich schäme mich. Das war sehr oberflächlich von mir", gestand sie ihrer Großmutter.

„Einen Teufel wirst du tun", entgegnete diese und drückte ihr ein kleines Messer in die Hand. „Ich sorge für den Kaffee, du für die Dekoration. Diese Aufteilung ist doch wunderbar."

Marie ging zum Flur und war schon halb auf der Treppe, als sie ihre Großmutter noch rufen hörte.

„Und öffne dein Herz, damit du auch hören kannst, was der Garten dir erzählt."

Na ja, dachte Marie. Auf dem Ohr bin ich wahrscheinlich supertaub.

Der Regen hatte aufgehört, ohne dass es Marie bemerkt hatte. Der Rasen unter ihren Füßen war zwar nass, aber nicht klebrig. Dazu hatte es nicht lange genug geregnet. Von den Rosenblättern perlten kleine Tropfen. An den Rändern waren manche von ihnen ein wenig braun. Das war der Herbst, der sich langsam ankündigte. Viele Knospen gab es. Sehr viele. Neben den Stöcken befand sich der große Fliederbusch. Unter ihm hatte Marie als Kind sehr gerne gesessen. Sie hatte sich unter seinen Zweigen versteckt, die dicken Dolden gerochen und Kleeblätter gesucht.

„Marie, Marie!", hörte sie auch heute noch den Vater rufen. Das war schön gewesen. Nie hatte sie sich darauf gemeldet, sondern gespannt darauf gewartet, dass der Vater sie suchte und immer wieder fand. Bei jedem Besuch wiederholte sich das Spiel. Nicht zu glauben, wie sie sich später in die Wolle bekommen hatten. Marie schnitt ein paar Rosen ab, dann sah sie ein paar kleine weiße Blumen, die sie nicht kannte. Sie waren so groß wie Maiglöckchen, waren aber keine. Marie bückte sich, um an den Blumen zur riechen. Sie entdeckte dabei einen Regenwurm, der naseweis aus einem Löchlein sah. „Na du!“, schäkerte sie mit ihm. Marie hatte schon seit Urzeiten keinen Regenwurm mehr gesehen. Ein Wunder, dass es überhaupt noch welche gab! Sie entdeckte noch eine Amsel auf dem Dach. Es war hübsch zuzusehen, wie der kleine Vogel sich trocken plusterte und voller Freude zwitscherte. Kaum war der Regen vergangen, sangen die Vögel auch schon wieder. „Sie halten an der trüben Laune nicht so fest, wie die Menschen“, dachte sich Marie. Wenn der Regen vorbei war, war er vorbei.

Marie setzte sich für ein paar Minuten auf die Bank und betrachtete den Rosenzweig in ihrer Hand. Wie eine Gestörte musste sie ihrer Großmutter vorgekommen sein. Sie war noch keine Stunde da und hatte sich schon in jeder Laune gezeigt. Erst hatte sie wie ein aufgedrehtes Vögelchen gezwitschert, um dann in Trübsal zu verfallen. Einen schönen Eindruck musste Charlotte von ihr haben!

Marie blickte nach oben und sah, dass der Himmel sich an manchen Stellen öffnete. Sie atmete durch. Der Garten glänzte und duftete. Hinter den schon fast braunen Erdbeersträuchern hockte eine kleine Maus, und da auf dem Stein, das war tatsächlich eine Eidechse, die sich über die letzten Spätsommertage freute. Ein Geruch von Erde lag in der Luft. Er war stark und würzig. Erde erdet, dachte Marie. Immer wenn sie im Wald war, egal ob im Sommer oder im Herbst, konnte sie diese besondere Heilkraft spüren. Erde holt runter. Erde macht heil. Schnell schnitt sie noch ein paar Zweige ab, dann machte sie sich auf den Weg nach oben.

„Besser?", begrüßte sie Charlotte. Marie nickte. „Die Erde, das Grün haben dir gut getan, stimmt es?" „Ja", antwortete Marie. „Ich habe mich sofort daran erinnert, dass ich ein Teil des Lebens bin." „Wenn du Schöpfung sagst, dann kommt dir das vielleicht ein wenig heilig vor, aber es wird dich auch daran erinnern, dass Leben etwas Heiliges ist. Wir bekommen es geschenkt und können es weder bestellen noch im Supermarkt kaufen."

„Was ist das?", auf Maries Teller lag ein kleines Notizbuch, darauf ein schöner Druckbleistift. Marie kannte Charlottes Schwäche für Hefte, Bleistifte und Füller jeglicher Art. Sie bewahrte in ihren Schubladen die reinsten Schätze auf, die sie wie solche auch hütete. Niemand konnte Papier so beschreiben wie Charlotte. Es war weich, störrisch, saugend, schmiegte sich an, war spröde oder glatt.

„Das ist ein Notizbuch, wie du siehst."

Ja, das sah Marie. Es war ja gewissermaßen auch nicht zu übersehen. Charlotte stellte die Rosen mit den Zweigen ins Wasser und roch daran. Da sie nur schwer in den Garten konnte, genoss sie den Duft der Blumen doppelt.

„Die meisten Einsichten, die man hat, vergisst man kurz danach. Manchmal sogar augenblicklich. Es ist wie mit Träumen. Du trägst die Stimmung, die Bilder in

dir, und willst du den Traum endlich erzählen, hat er sich schon verflüchtigt. Im Augenblick befindest du dich aber in einer Phase, in der dir sehr viele Bilder und Gedanken durch den Kopf gehen. Manches wirst du anders, neu machen wollen. Du wirst dir Ziele setzen, Pläne machen – ach ja, was ist eigentlich mit Italien?"

Marie hob zerknirscht die Serviette vor ihr Gesicht. „Ich arbeite dran ... nicht fragen", grummelte sie dahinter hervor.

„Siehst du", Charlotte nickte. Warte noch ein bisschen, und du wirst dich mit Mühe daran erinnern, dass es mal etwas gab. Ein Notizbuch erinnert dich aber und fordert dich auch auf. Ja, und wenn eine Weile vergangen ist, kannst du anhand der Eintragungen ablesen, was dich zu welcher Zeit beschäftigte. Du kannst Gedichte hineinschreiben, schöne Sätze, Begegnungen und Momente. Du kannst ein paar Worte über einen Spaziergang im Garten notieren. Was würdest du darüber hineinschreiben? Gibt es eine Erfahrung, die du eben gemacht hast?"

„Ich habe die Erde gespürt und mir gesagt, dass ich darauf achten sollte, öfter in den Wald zu gehen." „Ach, ich dachte schon, du willst mir beim Garten umgraben helfen." Charlotte lachte. „Oh, der Kaffee ist schon lange durch ... fällt dir noch etwas ein?"

„Ich habe mich an Vater erinnert. Wie nett er mich immer im Garten suchte und dass wir uns später oft so hässlich gestritten haben."

„Nun, diese Erfahrung, das passt ja zu dem heutigen Kuchen optimal. Sei so lieb, und geh für mich in die Speisekammer. Du findest dort einen Marmorkuchen. Ich schenke uns derweil den Kaffee ein."

Marie stand auf und ging durch den kleinen Flur. Die Speisekammer

# Marmorkuchen

- 300 g Butter
- 300 g Zucker
- 6 Eier
- 300 g Mehl
- 1 Päckchen Backpulver
- 40 g Kakao
- 5 cl Rum
- 1 Ei

Die weiche Butter mit dem Zucker aufschlagen. Das Mehl mit dem Backpulver sieben und abwechselnd mit den Eiern in die aufgeschlagene Butter geben.

Kakao, Rum und das Ei miteinander verrühren und ein Drittel des fertigen Rührteiges untermischen. Den hellen Rührteig in einer gefetteten und gemehlten Marmorkuchenform verteilen. Danach den dunklen Rührteig auf der Oberfläche des hellen Teiges verteilen. Mit einer Gabel den dunklen Teig kreisförmig unterziehen.

Bei 180 °C ca. 45 Minuten backen.

Nach dem Backen kurz auskühlen lassen und danach auf ein Kuchengitter stürzen. Vor dem Servieren mit Puderzucker abstauben.

war unpraktischerweise von der Küche ein paar Schritte entfernt. Sie öffnete die Tür, und der Duft schlug ihr entgegen. Noch nie in ihrem Leben hatte sie solch einen wunderbaren Marmorkuchen gesehen. Die Glasur glänzte und wurde von dem Spitzendeckchen aus Papier, auf dem der Kuchen stand, wunderschön unterstrichen. Der Marmorkuchen stand auf einem Teller mit Sockel und thronte dadurch über alle Büchsen und Einmachgläser, die neben ihm im Regal standen.

Ehrfürchtig trug Marie ihn in die Küche. „Sieht der toll aus", lobte sie ihre Großmutter.

„Warte mal ab, bis er aufgeschnitten ist!", nickte diese ihr zu. Mit festem Griff schnitt sie ein Stück heraus. Der Kuchen war goldgelb und tiefschokoladenbraun. Gelb und braun flossen ineinander, umarmten sich und spielten miteinander.

„Ja", Charlotte nickte. „So ist er genau recht."

Offenbar konnte sie Maries Gedanken lesen. Sie setzte sich, legte das Stück Marie auf den Teller und schnitt auch sich selbst ein großes ab.

„Siehst du, der Kuchen ist hell und dunkel. Das Helle lässt sich nicht durch das Dunkle stören, das Dunkle nicht vom Hellen. Eines ist so gut wie das andere. Nur wenn sie miteinander sind, sich gegenseitig respektieren, können sie ein Marmorkuchen sein."

„Du machst ja aus dem Marmorkuchen eine Weisheit!", lachte Marie.

„.. weil es eine ist. Es ist Yin und Yang. Es ist Regen, Regenbogen und Sonne. Es ist wie im Garten unter dem Flieder sitzen und sich mit dem Vater zanken. Die schöne Erfahrung braucht die dunkle. Der Fortschritt braucht die Erinnerung an das, was einmal war."

„Ja“, nickte Marie. „Aber ich weiß noch immer nicht, worauf du hinaus willst.“

„Wenn du von Sebastian heute sprichst, dann verdunkelt sich dein Herz. Du zählst auf, was alles nicht funktionierte. Was er nicht wahrnehmen konnte oder wollte. Wie er sich daneben benahm und dich schlecht behandelte.“

„Ja“, sagte Marie. Ihre Stimme war voller Kränkung.

„Du machst gerade einen Selbstmitleid-Schokoladenkuchen daraus. Einen dunklen, schweren Kuchen. Schokoladenkuchen kann sehr, sehr lecker sein. Aber da ich dich schon lange kenne, weiß ich, dass dir Marmorkuchen besser schmeckt. Wenn du dir jetzt den hellen Anteil deiner früheren Beziehung betrachtest, was kannst du alles sehen?“

„Keine Ahnung“, trotzte Marie. Es gab hier nichts Schönes zu finden. Schließlich war nicht nur alles grau gewesen, sondern Sebastian hatte sie obendrein auch noch verlassen.

„Wenn du dich nur an das Dunkle erinnerst, nimmst du dir selbst den Blick zur Sonne. Du wirst den Regenbogen nicht wahrnehmen und nicht, dass die Sonne wieder scheint. Du wirst die Erfahrung nicht schätzen, dass auch die dunkle Zeit dich sättigte und nährte. Um zu wachsen, brauchen wir beides. Licht und Schatten. Um einen Menschen, eine Geschichte zu würdigen, musst du auch anerkennen, was sie dir gab. Du musst willens sein, das Licht zu würdigen.“

Marie betrachtete den Kuchen auf dem Teller. Da hatte sie sich ja etwas Schönes eingebrockt. Sebastian wäre in solch einer Situation gestorben. Der konnte es gar nicht haben, wenn man ihm etwas erklärte.

„Was würdest du denn sagen, was dich die Beziehung lehrte? Was ihr Geschenk an dich war?“

Geschenk? Jetzt fiel ihr gar nichts mehr ein …

„Nun, du hast doch hoffentlich etwas daraus gelernt?“

„… vielleicht, dass ich jetzt merke, wenn ich mich verliere.“

„Na schön, dann schreib das auf.“

Charlotte zeigte auf das Notizbuch, und Marie verstand auf einmal noch besser, welche Funktion es in ihrem Leben einnehmen konnte. „Sicherlich war er auch tapfer, als er ging. Ich hätte das vor lauter Angst gar nicht geschafft.“ Es fiel Marie schwer, dies auszusprechen, aber es war wahr. Sebastian hatte feige gelogen, aber er war auch mutig gewesen, indem er ging.

„Er hat dich freigegeben. Das ist doch gut.“

„Und dass er mir zeigte, wie man angelt, ist auch eine gute Sache“, schmunzelte Marie. „Ohne Sebastian hätte ich das sicher nie gelernt.“

„Prima.“

„Auch nicht, wie man Videorekorder programmiert.“

„… und sicherlich auch nicht, wie schön es ist, andere zu verwöhnen. Denn dadurch, dass du den Mangel erlebtest, wirst du in Zukunft darauf achten. Du wirst merken, wenn ein Mensch diese kleinen Aufmerksamkeiten vergisst. Und du weißt, wie wichtig es dir ist, verwöhnt zu werden. Dass du es bewusst erfahren musst, nicht mal so nebenbei."

Ja, es stimmte. Marie wollte es deutlich spüren, wenn ein Mensch sie mochte. Sie liebte kleine Geschenke und machte auch gerne welche. Es war zwecklos, sich in einen Mann zu verlieben, der keinen Sinn für diese Dinge hatte.

„Das sollte ich mir wirklich aufschreiben", sagte Marie bestimmt, „damit ich es in Zukunft nicht vergesse. Verwöhnen ist für mich wichtig! Ich mag kleine Zettel, Blumen und Überraschungen. Jemanden, der mir ab und zu die Sprudelkästen trägt und mir eine Hühnersuppe kocht, wenn ich eine Erkältung habe."

Mit einem übervollen Herzen sah Charlotte ihrer Enkelin beim Schreiben zu. Marie hatte verstanden, und das war sehr gut. Wir haben wieder ein neues Band geknüpft, dachte sich Charlotte, ohne das andere zu verlieren.

Marie sah sie an, als könne sie Charlottes Gedanken lesen.

„Es ist schön bei dir!", sagte sie und strich Charlotte über die Wange. „Ich danke dir für diesen wunderbaren Kuchen. Ich werde mir das Rezept aufschreiben. Aber weißt du, was ich mir unbedingt auch noch notieren muss?" Sie sah ihre Großmutter lächelnd an. Charlotte zuckte fragend mit den Achseln.

„Nächsten Sonntag Blumen nicht vergessen!"

Marie schrieb diesen Satz in Großbuchstaben und setzte viele Ausrufezeichen an den Schluss.

Vergnügt sah sie Charlotte an und malte noch ein Herzchen an den Rand. Als sie den Kopf hob, um erneut aus dem Fenster zu blicken, waren erste Anzeichen eines neuen Regenbogens am Himmel deutlich zu erkennen.

# 4. Sonntag

Die kommenden Tage legte Marie ihr Notizbuch kaum noch aus der Hand. Sie nahm es in ihrer Jackentasche überall mit hin, und die schönen Sprüche und Gedanken liefen ihr nur zu. Viele von ihnen schrieb sie auf, um sie nicht wieder zu vergessen. Sogar in der Straßenbahn hingen Plakate mit Gedichten! Marie hatte diese Art von Werbung immer übersehen. Nun las sie die kleinen Plakate genauer durch und wägte ab, ob sie das Gedicht in ihr Notizbuch aufnehmen wollte oder nicht. Oft waren die Sprüche voller Poesie und Mut. Sie stimmten die, die sie lasen, sicher freundlich in den Tag.

Marie fand, dass Plakate dieser Art, auch in ihre Abteilung gehörten. Die Gänge waren viel zu grau, und die ärmlichen Yucca-Palmen betonten nur diese moderne Form der Trostlosigkeit. In der nächsten Abteilungsbesprechung wollte Marie diesen Punkt endlich einmal thematisieren. Es musste viel mehr Farbe in die Gänge und viel, viel mehr positive Gedanken in die Herzen. Sie erinnerte sich an all die Gedanken, die ihr Charlotte mitgegeben hatte. Sie klangen in ihr nach. In einer schönen Umgebung machten Kostenaufstellungen vielleicht wieder Spaß. Es hatte ja schließlich mal eine Zeit in Maries Leben gegeben, da hatte sie gerne kalkuliert und mit Zahlen jongliert. Da erschien ihr noch nicht alles dunkel und trübsinnig. Im Prinzip gleicht die Arbeit auch einem Marmorkuchen, ging ihr bei dieser Überlegung durch den Kopf. Und obendrein einer, der im Grunde ganz gut schmeckte! Wenn sie da an Greta dachte … Greta arbeitete in einer kleinen Boutique, die gerade mal wieder den Besitzer gewechselt hatte. Ständig musste sie sich an neue Regeln gewöhnen, und ständig machte sie etwas falsch. Zumindest erzählte sie es so Marie. Alles war ganz schrecklich, und eine Hoffnung gab es nicht. Vielleicht war es auch für Greta notwendig, mal wieder in den Wald zu gehen oder über eine Wiese zu laufen. Besonders wichtig war aber der Marmorkuchen! Marie hatte das Rezept natürlich direkt an den Anfang ihres Notizbuches gesetzt, und es war ihr ein schönes Signal, wenn der Schwarzanteil in ihren Gedanken sie bedrohen wollte.

„Wie geht es Charlotte?“, tönte es am Abend auf dem Anrufbeantworter. Es war Maries Mutter. Warum ruft sie nicht selbst bei Charlotte an, überlegte sich Marie. Die Hüftoperation ihrer Großmutter war keine komplizierte Angelegenheit gewesen. Ein kleiner Eingriff, der aber in den Folgewochen noch heilen musste. Charlotte musste sich in Geduld üben. Wenn sie ging, jeden Schritt vorausdenken. Sie war sogar schon einmal im Park gewesen, einfach um mehr unter Menschen und in der Natur zu sein. Marie fiel auf, wie nah ihr Charlotte in den letzten drei Wochen geworden war. Kaum vorstellbar, dass sie früher manchmal fast wie Fremde miteinander umgegangen sind. Freundliche Guten Tag, freundliche Aufwiedersehen. Marie wusste nun viel mehr darüber, wie Charlotte dachte und fühlte. Diese Erfahrung hatte ihr Leben in den letzten Wochen sehr bereichert. Charlotte war schlau. Sie konnte etwas weitergeben, ohne dass man sich wie in einer Kirche fühlte. Sie predigte nie. Wenn sie mit Marie sprach, dann war das ganz lebendig und natürlich. Charlottes Botschaften brauchten keine Räucherstäbchen. Maries Mutter war da ein wenig anders. Sie hatte gerne Leben um sich herum und liebte es, im Mittelpunkt zu stehen. Die Dinge, die sie erzählte, waren oft zusammenhanglos. Auf eine bestimmte Art war sie einfach laut. Marie hörte ihrer Mutter nicht gerne zu.

Oh je, schon wieder vergaß sie, dass sich sicherlich auch hier ein Geschenk versteckte. Sie versetzte sich zurück. Wie war es für sie damals, als sie noch jünger war? Nun, das fröhliche Geplapper ihrer Mutter hatte ihr als Kind oft auch gut getan. Besonders wenn sie mit Fieber im Bett gelegen hatte. Es war damals sehr schön gewesen, diesem munteren Klang zu lauschen. Die Stimme der Mutter hatte gute Laune verbreitet und war ein Signal dafür, dass Heiterkeit im Hause lebte. Marie empfand jetzt, im Nachhinein, eine große Dankbarkeit für diese Momente. Sie wählte die Nummer ihrer Eltern. Ihre Mutter war sofort am Apparat.

„Geht es dir gut, Mama?“, fragte Marie mit warmer Stimme.

„Aber ja! Warum?“, fragte ihre Mutter prompt zurück. Sie schien verwundert. „Und dir?“ Sie war vor Aufregung ganz atemlos.

„Ich bin ganz munter. Es gibt da ein paar schöne Ideen, die ich verfolge, und die Nachmittage mit Großmutter sind sehr nett. Du musst dich nicht sorgen, sie ist wohlauf und bereits wieder in der Lage, Kuchen zu backen."

„Ach ja?" Maries Mutter wusste nichts mit dieser Information anzufangen. Charlotte backte immer Kuchen, schien sie zu denken. Mit der Hüfte hat das doch gar nichts zu tun.

„Wie ist es", fragte Marie, „hast du nicht Lust, dich mit mir einmal zum Kaffee zu treffen?"

„Und Papa?", hakte ihre Mutter ängstlich nach.

Marie erklärte ihrer Mutter, dass sie gerne mal alleine mit ihr sitzen wollte. Nicht, weil es Probleme mit dem Vater gab, sondern weil es einfach mal an der Zeit war, ein Vier-Augen-Gespräch zu führen.

„Wir haben das schon jahrelang nicht mehr gemacht", versuchte sie weiter zu erklären, „und ich würde mich einfach sehr darüber freuen."

Marie wollte ihrer Mutter wieder nahe sein, und seit sie zu Charlotte ging, wusste sie, dass auch dieses möglich war. Dass selbst in einer komplizierten Beziehung etwas Verborgenes, Nährendes zu entdecken war. Und dass ihre Mutter nicht alleine die Verantwortung dafür trug, dass ihre Beziehung derart oberflächlich geworden war. Marie wollte die Verbindung suchen. Sie wollte hören, wollte erfahren.

Was bedeutete ihrer Mutter zum Beispiel der Duft von Orangen? Welchen Stellenwert hatten bei ihr die Streusel? Wann glich für sie die Welt einem Marmorkuchen? Wie ging sie mit grauen Zeiten um? Hatte sie niemals mit dem Gedanken gespielt, alles hinter sich zu lassen und einen Malkurs in Italien zu besuchen? Wo waren ihre Träume, wo die Ängste, was wollte sie Marie ins Leben mitgeben? Hatte sie noch Visionen? Herzenswünsche?

„Was machst du, wenn du dich schlecht fühlst, und was bedeutet dir unsere Familie? Was bedeute ich dir? Ich möchte das alles wissen!"

„Sehr nett von dir ...", Maries Mutter musste husten. „Ich freue mich über dein Interesse, aber könnten wir fürs Erste nicht einfach Kaffee trinken?"

Marie schluckte. So hatte sie sich das Ende des Gesprächs nicht vorgestellt. Wie banal und oberflächlich doch die Mutter war. Die peinliche Stille am Telefon hielt sich zäh und gewann Sekunde um Sekunde mehr an Bedeutung.

„Ist was?", fragte die Mutter, und ehe Marie etwas antworten konnte, stellte sie schon die nächste Frage. „Geht es dir noch sehr schlecht wegen Sebastian?"

„Ich bin wieder auf dem Weg, heil zu werden", erklärte Marie kurz bevor sie sich verabschiedete. „Es ist noch nicht alles gut, aber es kann vieles gut werden."

Nach dem Gespräch brauchte Marie erst einmal eine Zigarette. Sie war keine große Raucherin, aber manchmal erleichterte ihr eine Zigarette das Nachdenken. Die Annäherung an ihre Mutter schien schwieriger als gedacht. An eine derartige Einladung an ihren Vater wagte sie gar nicht zu denken! Er war oft hilflos, wenn man ihn nach seinen Gefühlen fragte. Ein Eigenbrötler, der vielleicht besser alleine geblieben wäre. Oft schlecht gelaunt und abweisend. Ich behandle ihn so wie Sebastian, stellte Marie fest. Wieder sehe ich nur seine schlechten Seiten. Ich muss da einfach vorsichtiger werden, vielleicht auch ein wenig verständnisvoller, solche Gedanken hat Papa nicht verdient.

Ich möchte endlich ein besserer Mensch werden, dachte Marie. Was besser im Einzelfall auch immer war. Sie setzte sich an den Schreibtisch, um Sebastian einen Brief zu schreiben. Einige Dinge musste sie ihm noch sagen. Vielleicht hatte sie die Beziehung oft als gewöhnlicher empfunden, als sie gewesen war. Konnte doch sein!?! Sebastian und sie hatten sich auseinandergelebt, aber er war deswegen kein schlechter Mensch … wie wäre alles gelaufen, wenn sie mehr auf das Positive geachtet hätte? Marie wollte Sebastian erklären, dass auch er vielleicht manches zu schwarz gesehen hatte. Und wie bemüht sie jetzt um eine andere Perspektive war. Und ob auch er sich bemühen wollte? Vielleicht konnten sie ja Freunde bleiben. Oder werden … Nach vielen Seiten verabschiedete sie sich noch herzlicher als gedacht, dann steckte sie den Brief in einen Umschlag und klebte ihn auf der Stelle zu. Marie legte den Brief auf die kleine Ablage in den Flur, dort wo auch ihre Schlüssel lagen. Gleich morgen würde sie eine Briefmarke besorgen.

*Habe einen Brief an Sebastian geschrieben und mit Mutter ein Treffen ausgemacht*, notierte sie in ihr Buch. *Ich glaube, das war ein richtig guter Tag.*

„Ein Scheißtag war es“, gestand sie ihrer Großmutter, kaum dass sie sich an den Küchentisch gesetzt hatte. „Stell dir vor, ich habe es nicht fertig gebracht, eine dämliche Briefmarke auf den Umschlag zu kleben und den Brief wegzuschicken. Am Montag hatte ich ihn geschrieben, und jetzt ist schon wieder Sonntag! Jeden Tag habe ich ihn gesehen, jeden Tag habe ich ihn ignoriert. Und bei Mama habe ich mich auch nicht mehr gemeldet. Sie wird die Einladung zum Kaffee nicht ernst nehmen. Wieso bin ich so antriebsschwach? Ich hasse mich dafür! Wenigstens Blumen – beziehungsweise so etwas ähnliches – habe ich dir mitgebracht."

Deutlich zerknirscht fischte Marie einen kleinen Blumentopf aus ihrem Korb. „Ein Töpfchen mit Glücksklee … auch nicht besonders einfallsreich."

Sie stellte den Topf auf eine der kleinen Servietten. Charlotte rutschte mit dem Stuhl ein wenig näher und umarmte ihre Enkelin. „Das ist doch sehr lieb und aufmerksam von dir. Hast du diese Woche denn auch etwas Fröhliches erlebt?"

Marie erzählte Charlotte von der Entdeckung der Gedichte und dass sie vorhatte, mit schönen Sprüchen die Firma freundlicher zu gestalten. Sie hatte sogar mit Herrn Kestner, ihrem Kollegen aus der Holding, gesprochen, und der hatte sich viel kooperationsbereiter und offener gezeigt, als es Marie für möglich gehalten hatte.

„Jede Unterstützung hat er mir angeboten. Er will sogar sehen, ob er ein kleines Budget für Motivationen dieser Art erhält. Außerdem hat er gleich angefangen, Gedichte zu zitieren, und das erstaunte mich dann noch mehr. Ich hätte nie gedacht, dass er in der Lage ist, sich Gedichte überhaupt zu merken! Er kommt immer so farblos und spröde daher. Mmmh, heute gibt es ja Rahmkuchen, den hast du schon hundert Jahre nicht mehr gemacht."

Hungrig schnitt sich Marie ein großes Stück vom Kuchen ab. Der Kuchen war hell, flach, weich und gab vor, ganz wenige Kalorien zu haben,

# Bauern-rahmkuchen

*Für den Mürbeteig:*
*150 g Mehl*
*100 g Butter*
*50 g Puderzucker*
*2 EL Milch*

*Für die Füllung:*
*1 kg Magerquark*
*200 g Zucker*
*6 Eier*
*40 g Stärke*
*600 g Sahne, geschlagen*

*Für die Streusel:*
*100 g Butter*
*60 g Zucker*
*160 g Mehl*

Zuerst den Mürbeteig bereiten, 10 Minuten kalt stellen und ausrollen. Einen Ring mit 28 cm Durchmesser ausstechen und auf ein mit Backpapier ausgelegtes Blech legen. Den Teig mit einer Gabel mehrmals einstechen und bei 180 °C 10 Minuten backen.

Den Ring um den Mürbeteigboden stellen und den Rand mit dem restlichen Teig „abdichten".

Danach aus Butter, Zucker und Mehl die Streusel zubereiten. Magerquark, Zucker, Eier, Stärke und geschlagene Sahne miteinander verrühren und in den vorbereiteten Ring geben. Die Streusel gleichmäßig auf der Oberfläche verteilen und bei 180 °C für 15 Minuten in den Backofen geben.

Anschließend herausnehmen und 20 Minuten abkühlen lassen. Dann bei 150 °C wieder in den Ofen geben und 15 Minuten backen. Diesen Vorgang noch dreimal wiederholen.

Dann den Kuchen auskühlen lassen, aus dem Ring schneiden und die Oberfläche mit Puderzucker abstauben.

obwohl diese in Wirklichkeit kaum zu zählen waren. Sie reichte auch Charlotte ein Stück, schenkte Kaffee ein und gab Acht, dass ihre Großmutter sie nicht wie einen Gast hofierte. Schließlich war sie doch gekommen, um zu unterstützen (was sie bislang noch nicht getan hatte) und um zu unterhalten (was sie bislang nur mangelhaft getan hatte, andererseits schien Charlotte sich nicht zu langweilen). Guter Dinge warf sie Charlotte eine Kusshand zu. Es tat gut, nicht gleich verurteilt zu werden. Vielleicht klappte es mit dem Brief ja morgen ...

Der Kuchen zerschmolz fast auf der Zunge. Das Rahmgefühl war heimatlich, anders konnte es Marie nicht benennen. Die Vanille darin erzeugte ein wohliges Empfinden. Sofort entspannte sich Marie. Ein zartes Lächeln huschte ihr über das Gesicht.

„Schön, dass du dich erinnert hast, dass ich Rahmkuchen so liebe!" Charlotte lächelte zurück. „Kind, wie könnte ich es vergessen. Ist es nicht wunderbar, dass so ein einfacher Kuchen so viel Geschmack hat und derartige Gefühle auslöst?"

In der Tat, dachte Marie. Im Grunde war die Zubereitung eines solchen Kuchens gar nicht kompliziert. Ein dünner Boden, der Rahm ... fertig. Es gab keinen Schokoladenguss, keine Verzierung, er genügte sich selbst.

„Der Kuchen heißt mit ganzem Namen Bauernrahmkuchen. Nicht nur, weil die Zutaten bäuerlich sind und weil er schnell gemacht ist, sondern aufgrund der Einfachheit. Die einfachen Dinge sind oft die besten, denn sie lenken nicht ab, verwirren nicht."

„Und wenn etwas fehlt, dann kann man sehr schnell herausfinden, um was es sich handelt – eben weil er nur ein paar Dinge enthält."

„Genau", nickte Charlotte. „Dieses Rezept ist ein einfacher, schlichter Weg. Jedoch: Er ist dir in Erinnerung geblieben. Du hast dir den Kuchen nicht als etwas Einfaches, sondern als etwas Besonderes gemerkt. In einer Kuchenvitrine in einem schicken Kaffeehaus fällt auf ihn nicht der erste Blick."

„Ach Gott, Kaffeehaus", stöhnte Marie. „Ich muss dir das ja noch genau erzählen!" Und dann schoss es aus ihr heraus. Wie sehr sie sich über die Idee gefreut hatte, mit ihrer Mutter endlich einmal zu sprechen. Auch angeregt durch die Stunden mit ihr, Charlotte. Dass sie so wenig von der Mutter wusste. So wenig, dass es schon fast kein Interesse mehr gab. Sie die Mutter fast nur noch mit der Küche und dem Fernseher in Verbindung brachte. War das nicht schrecklich?

„Und all das habe ich ihr gesagt, und weißt du was ... sie hat darauf gar

nicht reagiert. Sie hat mein Interesse gar nicht erwidert, nicht gesagt: Super Idee, ich will auch einiges von dir wissen. Das Kaffeetrinken hat sie gar nicht als Symbol verstanden, sondern als Kaffeetrinken! Das ist doch furchtbar. Sag mal, ist sie schon derart abgestumpft, oder haben wir uns tatsächlich schon so weit voneinander entfernt, dass außer einem Blabla rein nichts mehr geht?"

Charlotte runzelte die Stirn. Sie schien einen Gedanken abzuwägen. Ihre Hände spielten erst mit der Kuchengabel, dann fuhren sie den Rand der Kaffeetasse ab. Nach einer für Marie kaum endenden Zeit richtete sie ihren Blick endlich wieder auf.

„Deine Mutter ist mein Kind", sagte sie, „deswegen tut es mir ein wenig weh, wie du jetzt von ihr sprichst. Andererseits sehe ich dein Bemühen." Sie nahm einen Bissen, trank einen Schluck. „Sag mir, wenn du eine lange

Zeit gefastet hättest und wärst nun zum Kaffee eingeladen: Was würdest du wählen: Rahmkuchen oder Schwarzwälder Kirschtorte?"

„Wenn überhaupt, dann Rahmkuchen."

„Klar", erklärte Charlotte, „denn er ist einfacher oder bekömmlicher, um im Kuchenjargon zu bleiben. Es ist kein Alkohol darin und deswegen sicherlich ein bisschen besser zu vertragen. So, wie du es mir erzählt hast, hast du deiner nahrungsarmen Mutter-Tochter-Beziehung aber nicht nur ein Stück Schwarzwälder, sondern auch noch einen Windbeutel und ein Stück Sachertorte auf den Teller gepackt. Und nun soll das alles, und zwar auf einmal und gleich, in einem Nu gegessen werden. Ein bisschen viel, oder findest du nicht? Das verdirbt einem ja den Magen! Und deine arme Mutter, die nicht auf das Thema vorbereitet war, wusste gar nicht, was sie mit dem ganzen Kuchen sollte. Sicherlich hatte sie Appetit, aber doch nicht auf diese Menge! Du hast sie vermutlich einfach überfordert."

Oh je, dachte Marie.

„Der Rahmkuchen rät dir", fuhr Charlotte fort, „verkompliziere die Dinge nicht! Das Leben ist schon bunt genug. Sieh dir die Situationen an, und wähle dann schlau. Manchmal ist eine Zutat schon ausreichend genug. So, und wenn du nun diese Bauernrahmkuchenschläue hättest, was würdest du verbessern?"

„Du meinst in dem Gespräch?" Charlotte nickte, und nun lag es an Marie, ein paar Minuten nachzudenken. Nach den Jahren des Schweigens war es gar nicht so einfach, überhaupt auf eine Zutat, ein Thema zu kommen. Meine Güte, genau genommen fiel Marie gar nichts so schnell ein. Sie dachte nach und sah dabei aus dem Fenster.

„Vielleicht hätte es schon genügt, ihr zu sagen, dass ich sie mag und mir ihre Nähe wünsche“, sagte sie ein wenig später fast mehr zu sich selbst, als zu Charlotte.

„Das wäre sicherlich ein guter Anfang gewesen. Einfach und schlicht. Es ist alles in einem Satz, einem Wunsch enthalten, ohne dass du damit jemanden überrollst. Aber was machen wir nun noch mit deinem Brief an Sebastian ...?“

„... ich verachte mich für meine Lethargie“, schimpfte Marie sofort los. „Wie kommt es, dass ich diesen Brief nicht losschickte?“

„Halt, halt!“ Charlotte legte den Kopf schief. Ihre Augen glänzten spitzbübisch. „Einfach, einfach. Mach es leicht. Du packst gerade angebliche Fehler, Wünsche, Erwartungen und Hoffnungen auf einen Teller. Was wäre denn die grundlegendste Frage?“

„Ob ich seine Freundschaft tatsächlich will ...?“

„Klar. Und kannst du mir auch deine spontane Antwort nennen?“

„Nein.“

„Sind deine Überlegungen für ihn und seine Zukunft wichtig? Und: Willst du auch wirklich eine Antwort auf alle Fragen wissen?“

„Nein.“

„Dann betrachte deinen Brief als eine Art Tagebuchaufzeichnung und nicht als eine mögliche Kontaktaufnahme. Die möchtest du nämlich gar nicht, und dein Unterbewusstsein hat dir das gemeldet. Was du als

Schlampigkeit beschimpfst, war in diesem Fall eine großartige Leistung deiner Seele! Nachlässig bist du, glaube ich, eher im Fall Italien und Malkurs, und das wirst du auch noch herausbekommen. Dein Leben ist gerade im Umbruch, in Bewegung. Je einfacher du jetzt denkst, umso leichter wird dein Schritt. Frage dich, was du wirklich willst und mach es dann. Die komplizierten Geschichten kommen von alleine. Manchmal ist Bauernrahmkuchenzeit, manchmal die für Buttercremetorte."

„Ach Charlotte", Marie spürte einen dicken Kloß im Hals. „Du tust mir wahnsinnig gut!"

„Du mir auch!", antwortete Charlotte. „Aber genug der Rührseligkeit. Erzähl mir von dem Leben da draußen. Ich habe das Gefühl, hier zu verdummen. Was macht deine Arbeit? Hast du neue Aufgaben? Bist du diese Woche ausgegangen?"

„Hey!", lachte Marie und kniff Charlotte liebevoll in die Wange. „Pack mir nicht so viel Kuchen auf den Teller!"

Dann erzählte sie los.

# 5. Sonntag

Es ist doch seltsam, dachte sich Marie, als sie von ihrer Großmutter heimfuhr. Da habe ich eine so klasse Idee – sie meinte damit den Malkurs – und dann kann ich mich zu nichts aufraffen. Ich bräuchte bloß im Internet nachzuschauen oder in ein Reisebüro zu gehen. Vielleicht hat sogar Greta eine Idee …, das gibt es doch nicht, dass ich das verschnarche.

Vielleicht half es, mal wieder eine Ausstellung zu besuchen, kam ihr in den Sinn. Marie hatte seit Monaten keine Galerie und kein Museum betreten. Sie bekam nicht mal mehr mit, wann interessante Ausstellungen liefen. Als sie an einer roten Ampel stehen bleiben musste, zog sie schnell ihr Notizbuch aus der Tasche. *Ausstellung! Italien!*, schrieb sie hinein. Sie würde sich auf jeden Fall diese Woche darum kümmern. Nächsten Sonntag konnte sie Charlotte ganz sicher etwas erzählen. Schließlich hatte sie doch zu einem kreativen Urlaub Lust – das war doch keine Strafe! Malen hatte ihr schon als Kind sehr gut getan. Es hatte sie beruhigt. Allein schon der Gedanke daran machte Spaß. Als Marie in ihre Wohnung kam, suchte sie sofort nach ihrer alten Blechdose mit den Buntstiften. Sie fand sie in der hintersten Ecke ihrer Wohnzimmerkommode, und eine leise Nostalgie überfiel Marie, als sie die Dose in den Händen hielt. Kinderträume wurden wach. Einige der Stifte lagen tatsächlich schon seit ihrer Kindheit darin. Marie hatte mit ihnen Indianermädchen und Försterhäuschen gemalt, ihren eigenen Namen und Blümchen in Poesiealben. Wie gerne hatte sie in ihrem Kinderzimmer gesessen, ganz in sich und die Farbenpracht versunken, und Märchenplatten dazu gehört. Nun war es an der Zeit, dieser alten Kinderleidenschaft einen neuen Raum zu geben.

Marie klappte ihr kleines Notizbuch auf und begann, die darin notierten Gedichte zu ummalen. Auf die Seite des Malkurses zeichnete sie das Meer, ein paar Zypressen und eine Frau mit einem Block auf den Knien. Das wird alles sehr schön werden, dachte sie bei sich und schrieb das Rezept des Rahmkuchens daneben. Sie fand, es gab ein paar Dinge im Leben, die musste man ganz zentral und jederzeit zugänglich verwahren. Die Rezepte ihrer Großmutter gehörten auf jeden Fall dazu. Am liebsten hätte sie die Botschaften in ihr Büro gehängt. Aber dazu war es noch viel zu früh. Fürs Erste galt es, ihre Kollegen für die Sprüche-Galerie zu begeistern.

„Haben Sie keinen besseren Vorschlag?“, fragte Frau Frey. „Wer soll die Plakate gestalten? Das kostet doch ein Vermögen. Können Sie Ihre schlauen Botschaften denn nicht einfach ins Intranet stellen? Dort kann sie jeder lesen, und von mir aus können sie sie noch verlinken. Es finden sich ja immer Seiten im Netz, die zu einem Gedicht passen.“

Klare Sache, Frau Frey aus der Internen Kommunikation hielt nichts von der Idee. Ungeschickterweise verwaltete sie das Geld für Projekte dieser Art. „Außerdem fällt diese Aufgabe ja auch gar nicht in Ihren Bereich. Wenn Sie möchten, kann die Sache einer Praktikantin übergeben werden, dann sind Sie davon entlastet."

Sehr nett, diese Frau Frey, dachte Marie. Besser konnte man ihre Idee nicht herunterspielen und kaputt machen. Die anderen Teilnehmer der Abteilungsbesprechung saßen am Tisch und drehten Däumchen. Herr Kestner hielt sich zurück. Marie wusste, warum. Dies war ihr Projekt, und auch wenn er sie unterstützte, so musste doch Marie die entscheidenden Anfangsgedanken hier vortragen und regeln. Es war ihr Baby.

Als Marie wieder zu ihm sah, empfing sie seinen aufmunternden Blick. Er gab ihr ein kleines Zeichen, indem er mit seinem Finger auf ein Buch tippte. Marie wusste, was er meinte. Er erinnerte sie an den Satz von Victor Hugo:

Nichts ist so stark wie eine Idee,
deren Zeit gekommen ist!

Ja, die Energie war mit Marie, und nicht mit einer dummen Ziege namens Frey.

„Es geht mir darum, die Idee hier in diesem Plenum vorzustellen. Da ich mich mehr als Netzwerkerin begreife, freue ich mich sehr darauf, mit Ihnen Frau Frey, gerne auch einer Praktikantin und anderen Mitarbeitern an dieser Sache gemeinsam weiter zu stricken. Ich glaube, dass sich sehr viele Kollegen für freundliche Gedanken und schlaue Zusammenhänge begeistern könnten."

„Zum Beispiel ich", klinkte sich nun Herr Kestner ein. „Ich habe mir erlaubt, ein paar Beispiele mitzubringen. Es wäre doch schön, von einem Gedanken, wie zum Beispiel diesem hier von Carlos Castaneda, morgens begrüßt und eingestimmt zu werden:

> Sieh dir jeden Weg genau und bewusst an.
> Dann stelle dir selbst die Frage:
> „Hat dieser Weg ein Herz?"
> Wenn Ja, dann ist dieser Weg gut,
> wenn Nein, dann ist er nutzlos.

Ich finde, das Projekt hat ein Herz und sollte durchgeführt werden. Im Netz ist mir das nicht sinnlich genug. Ich will die Worte groß sehen, in schönen Rahmen und künstlerisch gestaltet. Und wenn ich mich in das Netzwerk einklinken dürfte, dann würde ich Ihnen gerne eine Malerin vorstellen, die das bestimmt sehr gut leisten könnte."

Die anderen in der Runde nickten zustimmend, und die Abstimmung ergab, dass Marie die Idee verfolgen sollte. Auch Frau Frey konnte nun nichts mehr sagen. Sie war gefragt worden, ihre Position gewürdigt, aber es gab nun auch ein Netzwerk, und Herr Kestner hatte eine ernst zu nehmende Stellung.

Alles lief bestens für Marie. Mit einer großen Freude und Aufregung im Bauch brachte sie die Sitzung hinter sich. Dann, als sie neben Herrn Kestner zurück in die Abteilung ging, konnte sie sich ein paar Worte des Dankes nicht verkneifen.

„Das war sehr unterstützend von Ihnen", sagte sie und lächelte ihn an.

„Sie sind unterstützend", antwortete Herr Kestner. „Ich arbeite in letzter Zeit sehr gerne mit Ihnen. Sie sind entspannter, sehen alles nicht so verbissen und streng. Außerdem ist ihre Idee eine, die das Allgemeinwohl fördert. Wenn wir alle kleine Schritte unternehmen, kommt in der Summe vielleicht ein sehr großer heraus. Ich will meine Zeit hier nicht absitzen, sondern ich will auch etwas bewegen. Darf ich Ihnen Sigrid, die Malerin mal vorstellen? Da fällt mir ein, sie hat diese Woche eine Vernissage, vielleicht haben Sie ja Lust zu kommen?"

„Sehr, sehr gerne", antwortete Marie. „Ich habe diese Woche ohnedies ein wenig Hunger nach Kunst und schönen Bildern."

*Es geht wie von Zauberhand*, schrieb Marie in ihr Notizbuch. *Gestern noch nehme mir vor, in eine Ausstellung zu gehen, und heute ist die Einladung schon da. Ohne mein Zutun. Es ist geradeso, als wäre es ein Geschenk.*

Sie freute sich sehr auf die Ausstellungseröffnung und war neugierig, wie Frau Kestner aussah. Sicherlich kam sie doch mit?! Marie hatte Frau Kestner noch nie gesehen. Wenn sie mit der Holding und Herrn Kestner zu tun hatte, dann waren die Gespräche nur beruflicher Art. Marie hatte nicht die geringste Vorstellung, wie und mit wem er sein Privatleben gestaltete. Hat er eigentlich Kinder?, fragte sie sich. Auf einmal gab es einen Herrn Kestner, der ein Leben vor und eines

nach der Bürozeit hatte. Marie war sehr gespannt. Er las Gedichte und hatte eine Freundin, die Malerin war. Wie interessant! Marie überlegte, Greta mitzunehmen. Sie hatte keine Lust, alleine an einem Sekt zu nippen, und außerdem hatte sie mit Greta schon lange nichts mehr unternommen.

Als der Donnerstag kam, fühlte Marie eine leise Nervosität aufsteigen. Was war los? Sie war doch nicht etwa aufgeregt? Das Kribbeln und Ziehen ließ sie kaum einen Gedanken zu Ende fassen. Ständig schweifte sie ab und träumte vor sich hin. Sah den Wolken nach und Fußgängern hinterher. Sie hatte sich mit Greta in einem kleinen Café verabredet. Greta war wie immer unpünktlich. Das hatte etwas mit ihrem Job zu tun. Wollte sie den Laden schließen, sprang in der Regel noch eine Kundin herein, die dies und das noch anprobieren wollte. Da Greta auf einen guten Umsatz angewiesen war, blieb sie trotz glühender Kohlen freundlich. Fast immer kam sie deshalb zu spät. Gleichgültig, ob es sich dabei um eine Verabredung oder einen Besuch im Kino handelte. Marie kannte das Dilemma. Sie saß am Tisch und nutzte die Zeit, um Zeitung zu lesen und um ein paar Ideen in ihr Notizbuch zu notieren. Unter anderem auch die Telefonnummer eines kleinen Reisebüros, dass Kreativreisen inserierte. Vielleicht hatten die ja auch einen Malkurs in ihrem Angebot. Marie würde sich gleich morgen darum kümmern.

Sie blickte unentschlossen auf die Uhr und rief den Ober. Es war Zeit zu gehen, zur Not musste Greta eben nachkommen. Wozu gab es Handys, und die Adresse hatte Greta schließlich auch. Kaum, dass Marie ihre Jacke angezogen hatte, stürmte Greta in das Lokal. Schwatzend und kichernd

zogen die beiden jungen Frauen los. Sie hatten keinen weiten Weg. Die Vernissage war in einer kleinen Galerie, nur wenige Ecken vom Café entfernt. Marie versuchte, in dieser kurzen Zeit Greta alles zu erzählen. Die Blechbüchse mit Stiften, die Abteilungsbesprechung, ach ja und der Brief und nicht zu vergessen, das Gespräch mit ihrer Mutter. Greta war erstaunt von all dem Engagement. „Ich habe dich schon ewig nicht mehr so erlebt", sagte sie anerkennend. „Du machst mir richtig Mut, auch ein paar Dinge anzugehen."

„Mach aber langsam", riet ihr Marie. „Der einfachste Weg ist oft der beste."

Sie grinste in sich hinein und war froh, als sie bei der Galerie ankamen. Vor der Tür standen ein paar Besucher mit Proseccogläsern in der Hand. Es war schon beinahe Herbst, aber noch immer warm am Abend. Marie genoss die weiche Luft. Gemeinsam mit Greta betrat sie die großen lichten Räume. „Hallo", rief ihr jemand fröhlich zu, und eine Hand begann zu winken.

„Ach Charlotte, ich muss dir das schnell erzählen", plauderte Marie am nächsten Tag ins Telefon. „Ich halte das gar nicht bis Sonntag aus. Es waren so unglaublich nette Leute da, und die Malerin macht ganz schöne Bilder. Landschaftsansichten, und du wirst es nicht für möglich halten: in Aquarell! Ich dachte erst, ich sehe nicht recht!"

„Natürlich Italien!", begann Charlotte vergnügt zu raten.

„Nein Frankreich. Wenn es Italien gewesen wäre, dann wäre es mir langsam unheimlich geworden. Wir hatten einen wunderbaren Abend, und Herr Kestner war wirklich ganz fürsorglich und stellte mich allen vor. Auch Greta wurde prima aufgenommen. Danach gingen wir noch auf ein Glas Wein, und ich war ganz inspiriert und voller Tatendrang, als ich heute früh erwachte. Ich möchte mich mit dieser Sigrid unbedingt mal treffen. Sie ist richtig unkonventionell und lebt nur von ihrer Kunst. Wie dumm, ich sehe, ich muss zu einem Termin. Charlotte, ich sitze ja hier im Büro, sag mir schnell, was darf ich dir am Sonntag mitbringen, hast du einen Wunsch?"

„Ein paar Gedichte", kam es ganz spontan. „Du hast mir Hunger auf Poesie und Farben gemacht."

Es fiel Marie nicht schwer, das richtige Buch für ihre Großmutter zu finden. Hermann Hesse mit seinen eigenen Illustrationen sollte es sein. Marie blätterte verliebt darin. Es schien ihr, als würde sich vor ihr nach und nach eine völlig neue Welt entfalten. Sie war dabei, alles hinter sich zu lassen, was stumpf und ohne Farbe war. Ihr war nach Glamour. Oder war das zu vermessen? Bei ihrer Suche nach einem hübschen Gedichtband hatte sie auch einen sündhaft teuren Pullover und ein paar Schuhe für sich gekauft. Marie ging es gut, und sie hatte großen Spaß dabei, dies auch mit ihren Kleidern auszudrücken. Selbst Herr Kestner hatte das bemerkt. „Sie verändern sich von Tag zu Tag", hatte er im Lokal zu ihr gesagt. Am liebsten hätte Marie „Sie sich auch!" geantwortet, hatte sich dann aber nicht getraut.

„Manchmal befürchte ich abzuheben", gestand sie Charlotte am darauf folgenden Sonntag, die voller Freude in ihrem Hermann Hesse-Buch blätterte.

# Karottenkuchen

*Für den Boden:*
*8 Eier*
*2 Eigelb*
*240 g Zucker*
*400 g Karotten*
*90 g Zucker*
*1 ungespritzte Zitrone*
*200 g Haselnüsse, gemahlen*
*350 g Mehl*
*½ Päckchen Backpulver*
*200 g Butter*

Karotten schälen, fein raspeln und mit 90 g Zucker mischen. Den Abrieb und Saft der Zitrone zugeben und mindestens zwei Stunden bei Raumtemperatur durchziehen lassen.

Eier, Eigelb und den verbliebenen Zucker zusammen weißcremig aufschlagen. Die Butter auflösen und das Mehl mit dem Backpulver sieben. Zum Schluss alle Zutaten miteinander vermischen und in einen Tortenring geben.

Bei 180 °C ca. 40 Minuten backen.

*Für die Oberfläche:*
*250 g Aprikosenkonfitüre*
*200 g Fondant*
*120 g Marzipanrohmasse*
*60 g Puderzucker*
*rote und gelbe Lebensmittelfarbe*
*6 Pistazienkerne*

Marzipan und Puderzucker miteinander verkneten. 60 g des Marzipans mit den Lebensmittelfarben orange färben und zwölf Karotten formen. Pistazien halbieren und in die oberen Enden der Karotten stecken. Aprikosenkonfitüre erhitzen und mit dem Pinsel auf dem Kuchen verteilen. Das verbliebene Marzipan ausrollen, rund ausstechen und auf die Kuchenoberfläche legen. Zum Schluss mit der Fondantglasur überziehen und die Marzipankarotten auflegen.

Und jedem Anfang wohnt ein Zauber inne,
der uns beschützt und der uns hilft zu leben,

las sie Marie als Antwort vor.

„Wie meinst du das?“, hakte Marie begriffsstutzig nach.

„Und jedem Anfang wohnt ein Zauber inne“, wiederholte Charlotte. „Anfänge muss man würdigen. Auch äußerlich. Aber was du mir erzählt hast, klingt eigentlich bereits nach Ernte. Du hast in den letzten Wochen unglaublich viele Samenkörner gesetzt, und nun schau, wie sie keimen. Bei manchen entdecke ich sogar schon ein bisschen Grün. Ist die Ernte gemacht, setzt der Anfangszauber wieder ein, und auf ihn folgt wieder die Ernte. Früher, als es noch mehr Bauern gab, da wusste man das. Man hat mit der Natur gelebt und hat das, was sie schenkte, gefeiert. Heute gehen wir über alles hinweg, machen alles gleich. Sonntage, Feiertage, Geburtstage. ‚Ich feiere meinen Geburtstag nicht‘, sagen manche Menschen und feiern dann nicht mal mit sich selbst. Es gibt sogar welche, die behaupten, sie hätten ihren Geburtstag schlichtweg vergessen. Wie schrecklich.“

Marie besann sich. Sie hatte den ausklingenden Sommer, die abgeernteten Felder zwar bemerkt, aber an Ernte gar nicht gedacht. Sie wusste nicht einmal, wann dieser Erntedanktag war. Als Kind hatte es noch Umzüge gegeben, und sie hatten in der Schule Gottesdienste gehalten. Marie fielen die Körbe mit Obst ein, die vor dem Altar gestanden hatten. Ja, die jetzige Zeit war schnell und ließ viele Traditionen vergessen. Sie nahm sich vor, mehr darauf zu achten.

„Nicht nur achten!“, sagte Charlotte und zeigte auf einen großen, bunten Karottenkuchen. „Feiern! Bitte hol ihn her. Die Karotten tragen den Saft eines Sommers in sich. Die Nüsse den Wind. Wenn du dein Ohr an den Kuchen legst, dann hörst du vielleicht noch das Gackern der Hühner und das Muhen der Kühe. Du findest die Energie des Bauern darin, der sich um das Vieh und die Felder kümmerte. Den Puls eines Sommers!“

Marie stand auf und ging zur Anrichte.

„Und bring auch den Sekt aus dem Kühlschrank mit. Ich habe heute Lust auf einen ganz besonderen Moment“, rief ihr Charlotte nach. Marie musste lachen. Was war denn mit Charlotte los? Das steckte ja richtiggehend an!

Marie holte den Kuchen, den Sekt, die Gläser, und voller Übermut ließ sie den Korken der Flasche durch die kleine Küche schießen. Auf dem Tisch stand ein Strauß mit Mohn- und Kornblumen. Das sah Marie erst jetzt. Sie füllte die Gläser, während Charlotte den Kuchen anschnitt. Es waren kleine Mohrrüben darauf, und Marie fiel ein, dass sie als Kind diese Marzipanrüben immer ihren Eltern abgebettelt hatte. Mohrrübenkuchen war wirklich etwas Wunderbares. Er war so schön nussig und saftig. Charlotte hatte Recht: Er schmeckte nach Schokolade und nach Rüben. Sein Duft war Erde! Es schien, als sei die

Sonne, die Wolken und der Regen eines Sommers in solch einem Kuchen mitgebacken. Ein schönes Bild, freute sie sich innerlich.

„Lass uns anstoßen!" Feierlich erhob Charlotte das Glas. „Auf die vielen glücklichen Fügungen und Momente. Dass deine Idee im Unternehmen Wurzeln schlägt. Dass du dich mit anderen zusammentust, um etwas zu verändern. Menschen neu entdeckst oder neu entdecken wirst. Freunde hast und Freunde findest. Lass uns auf die vielen Erfahrungen trinken! Welch eine reiche Zeit liegt hinter und vor dir. Heute ist kein Tag zum Nachdenklichsein. Heute betrachte ich mir dich in deinem neuen Pullover, blättere in meinem Buch und genieße das Prickeln des Sekts. Wie findest du das? Feiern und Danken will gelernt sein! Diese Rituale müssen leben. Ansonsten wird das Leben fad. Lass dich also von mir und dem Kuchen dazu verführen, das Leben und seine Gaben aus ganzem Herzen zu genießen!"

„Ich glaube, ich nehm dich nachher mal an die Hand und führe dich eine Runde durch den Garten." Marie schüttelte ungläubig mit ihrem Kopf. „Kann es sein, dass du ein bisschen Erde brauchst?"

Sie stieß mit ihr an und sah ihr warmherzig in die Augen. Es gab vieles, an das sie in diesem Augenblick dachte. Hier in dieser Küche hatte sie eine große Ernte eingefahren. Ich habe in den letzten Wochen eine Menge begriffen, dachte Marie. Und ich bin begierig danach, dass es noch mehr wird.

# 6. Sonntag

Es ist schön wenn man sich in Menschen täuscht, dachte sich Marie, und zwar im positiven Sinne. Nie hätte sie damit gerechnet, dass Daniel – also Herr Kestner – so vielseitig war. Marie fand das alles unglaublich. Er ging regelmäßig ins Theater, kannte sich mit klassischer Musik aus, Kunst, und nebenbei hatte er noch diese wirklich anspruchsvolle berufliche Position. Marie ging nun viel lieber zur Arbeit. Auch Frau Frey, mit der sie gleich zu Beginn der Woche einen Termin vereinbart hatte, gab sich längst nicht mehr so sperrig.

Marie stellte den Blumenstrauß, den sie sich auf dem Markt gekauft hatte, in eine Vase. Endlich konnte sie wieder die Samstage wie früher genießen. Der Trennungsschmerz verblasste mehr und mehr. Sie liebte den Bummel durch die Altstadt, den Blick in kleine Buchläden, den Markt und die vielen Ideen, mit denen man von solch einem Spaziergang wieder

nach Hause kam. Heute hatte sie sich in einem Bastelladen einen Aquarellblock sowie einen kleinen Farbkasten gekauft. Sigrid, die Malerin, das hatte ihr Daniel erzählt, gab Workshops. Samstag hatte sie ihre offene Werkstatt in einem kleinen Vorort der Stadt. Man brauchte sich nicht anzumelden, aber Marie hatte dennoch kurz vorher mit Sigrid telefoniert. Sigrid hatte sich an Marie erinnert und freute sich, dass sie kam.

„Zieh dich bequem an", hatte sie noch gemeint, und Marie war froh, dass sie in ihrem Wochenendschlabberlook kommen durfte. Sie war sehr gespannt auf diese kreative Erfahrung. Wenn alles so klappte, wie sie hoffte, dann würde sie morgen Charlotte mit einem hübschen Bild beglücken können. Ocker, rot und blau sollten seine Farben sein, und auch wenn Marie nicht genau wusste, wie das ging, wollte sie versuchen, so etwas wie eine Erntestimmung auszudrücken. Ihr Leben stimmte sie derzeit gelassen und zufrieden. Genau genommen fehlte ihr nichts, auch kein Mann. Jetzt, da Marie allein war, konnte sie endlich über ihre Zeit allein bestimmen. Sie konnte so lange im Bett bleiben, wie sie wollte, Gäste haben oder Freunde besuchen, malen oder einfach nur Musik hören. Es gab keinen Fitness-Plan mehr, den sie befolgen musste. Sport machte sie nur, wenn sie dazu Lust hatte und dann am liebsten im Freien. Deswegen würde sie nachher zu Sigrid auch mit dem Fahrrad fahren. Das Wetter war sonnig, und der Weg führte direkt am Fluss entlang. Marie freute sich auf ihren kleinen Ausflug und war sehr gespannt. Schön, dass mir Daniel diesen Kontakt ermöglicht hat, dachte sie beglückt. Ob er wohl mal in Sigrid verliebt gewesen war? Er hatte eine Tochter, das wusste Marie jetzt, aber verheiratet war er nicht, oder nicht mehr. Auch eine Trennungsge-

schichte, dachte Marie und trat ein wenig energischer in die Pedale. Da muss wohl jeder einmal durch. Sie hatte mit Daniel nur sehr kurz darüber gesprochen, so wie er ihr auch das Du nur so zwischen Tür und Angel angeboten hatte. Viel Zeit ließ der Büroalltag nicht, um zu privat zu werden. Dabei waren noch so viele Fragen offen, und Marie kam es so vor, als würden es täglich mehr.

Das Telefon riss sie aus ihren Gedanken. Ihre Mutter war am Apparat. Sie wollte „nur mal eben hören". Marie erzählte ihr von dem Malkurs am Nachmittag. „Und wie geht es dir?", erkundigte sie sich nach ein paar weiteren Worten über das Wetter. Ihre Mutter erzählte von der vielen Gartenarbeit und dass sie gestern auch bei Charlotte gewesen war. „Deine Besuche tun ihr sehr gut!", sagte sie und Marie hörte Dankbarkeit in ihrer Stimme. „Ich hätte das allein nicht geschafft. Zumal Charlotte ja auch nicht immer einfach ist." Ist sie das?, überlegte sich Marie. Sie hatte ihre Großmutter in den letzten Wochen als äußerst pflegeleicht erlebt. Viele andere hätten ihr Gebrechen dazu benutzt, um ihre Familie zu schikanieren. Charlotte verlangte nichts. Sie freute sich einfach, wenn man kam, und bat eher schüchtern darum, wenn ihr etwas fehlte. Ihre Einkäufe und die Haushaltsgeschichten hatte sie an eine Putzfrau delegiert. Pflegeleichter ging es wirklich nicht.

„Ich komme prima mit ihr klar", meinte Marie. „Es ist immer sehr schön bei ihr, und ich freue mich schon jetzt darauf, wenn ich sie morgen wieder sehe."

Die Mutter verstummte augenblicklich. Marie spürte sogar so etwas wie Eifersucht bei ihrer Mutter und musste lächeln. Das Tochter-Mutter-

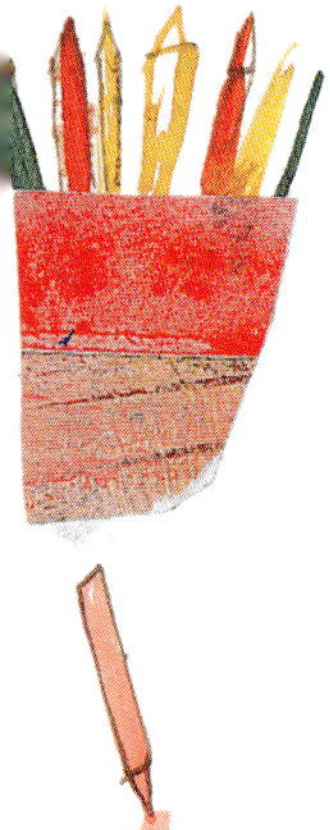

Verhältnis ist wirklich eine schwierige Sache, dachte sie. Ich würde gerne etwas dafür tun, damit es in unserer Familie entspannter wird.

„Aber komm', lass uns noch mal über unsere Verabredung sprechen", versuchte Marie das Gespräch auf ein anderes Thema zu lenken, das ihr gottlob auch wirklich gelang. „Was ist, wann hast du Lust und Zeit? Wenn nicht Kaffee, würde ich dich auch gerne mal ins Theater ausführen oder in ein hübsches Restaurant." Das Eis war gebrochen, und Marie und ihre Mutter fanden zum anfänglichen Plauderton zurück. Beide erzählten sich, wer was wo und wann zuletzt gesehen hatte. Der letzte Theaterbesuch von Maries Mutter war schon viele Jahre her. Also verabredeten sich beide für ein Stück. Sicher ein guter Anfang, dachte Marie. Ein gemeinsames Erlebnis, über das wir uns später unterhalten können. Das macht die Sache einfacher, als wenn ich sie mit meinem Gesprächsprogramm gleich überfalle. Einfacher. „Einfacher" war einfach ein schönes Wort. Es erleichterte das Leben ungemein. Erst nach einer halben Stunde legten beide den Hörer wieder auf. Es war das längste Gespräch seit Monaten gewesen! Schön, dachte Marie zufrieden. Sie sah auf die Uhr und packte ihre Sachen schnell zusammen. Höchste Zeit loszuradeln, stellte sie erschrocken fest.

Ihre Fahrt führte sie am Fluss entlang, dann durch einen kleinen, verlassenen Campingplatz, Schrebergärten und durch ein Stück offenes Feld. Der Weg wurde gesäumt von hohen, alten Kastanienbäumen, an denen dicke Früchte hingen. Viele Menschen waren unterwegs. Sie joggten, spazierten, führten die Hunde aus, hatten Kinder

an der Hand und ihre Partner im Arm. Es wurde gelacht, gepfiffen und geredet. Keiner schien daran zu denken, dass die dunklere Jahreszeit bald bevorstand. Marie hatte keine Angst davor. Sollte alles kommen wie es wollte. Wenn sie Weihnachten noch Single sein sollte, dann war sie nicht allein, denn es gab ja Charlotte. Allein war sie eher früher gewesen. Als sie mit Sebastian an einem Tisch saß, und keiner wusste recht, etwas zu sagen. Es würde alles anders werden, dessen war sie sich sicher. Marie hatte ein großes Vertrauen in das Leben entwickelt und spürte, dass man sich darin ganz gut bewegte, wenn man ein paar grundlegende Regeln beachtete. Wie hießen sie noch mal? Während Marie eine kleinen Böschung hinunterfuhr, versuchte sie sich zu erinnern:

Vertraue auf deine Inspiration und Intuition.
Sie ist jedem gegeben, der sie nutzt.
Ehre die Tradition, denn sie gibt dir Kraft.
Dunkel und Hell gehören zusammen.
Das Leben ist kompliziert genug – mach es einfach.
Feiere deine Ernten!

Daraus könnte man ein Buch machen, dachte sich Marie, wenn man dazu in der Lage wäre. Sie war keine gute Schreiberin. Schon dienstliche Rundbriefe verursachten ihr Bauchweh. Aber sie konnte gut erzählen, und das war auch schon eine ganze Menge.

Kurz nachdem sie den Fahrradweg verlassen hatte, entdeckte sie die große Scheune, die zu einem Atelier umgebaut worden war. Früher hatte

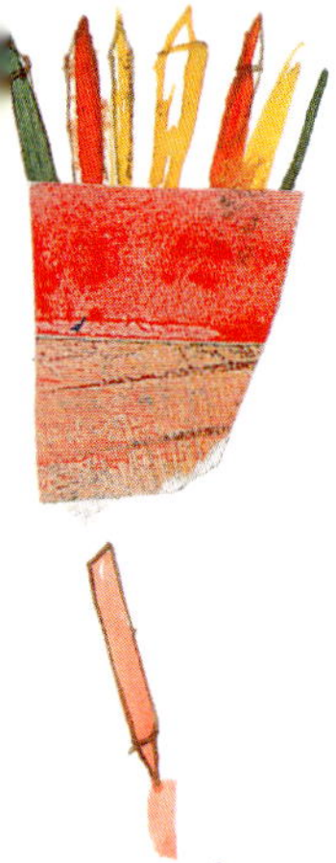

hier die Tabakernte gehangen, um zu trocknen. Jetzt, nachdem es immer weniger Tabakbauern gab, hatte das Dorf neue Verwendungsmöglichkeiten entdeckt. Fast alle alten Scheunen waren in große Wohnhäuser umgebaut worden. Das bescherte dem Dorf verstopfte Straßen und den Bauern eine Menge Geld. Was für ein Glück, Sigrids Scheune gehörte nicht dazu.

„Und das Schönste hier", begrüßte sie Marie und nahm sie am Arm, „ist das hier!" Sie öffnete im Hof eine Tür, und Marie blickte in einen wunderbaren Bauerngarten, voller Gemüse, Stockrosen und Nussbäume. Sie war überwältigt. Solch einen Schatz hatte sie in dieser eher industriell geprägten Gegend nicht vermutet. „Wahnsinn!", staunte sie ehrfürchtig. Auch andere Frauen kamen nun in den Garten. Sie hatten Hocker und Blöcke dabei, Farben und Wasser.

„Wir malen heute draußen", sagte Sigrid. „Wir malen Ernte."

Wie das wieder passt, dachte Marie. Ich wage gar nicht, näher darüber nachzudenken! Voller Vorfreude packte sie ihre Farben aus und ließ sich auf einem der bereitgestellten Hocker nieder. Das Abenteuer Farbe konnte beginnen …

Als sie am nächsten Tag wieder bei Charlotte saß, hielt sie es kaum aus, bis Charlotte ihr Geschenk endlich geöffnet hatte. In Zeitlupe zupfte Charlotte an den Enden herum. „Reiß es doch auf!", flehte Marie sie ungeduldig an und ärgerte sich, dass sie so viel Tesafilm und Band verwendet hatte. Wer konnte auch damit rechnen, dass ihre Großmutter Geschenkpapier grundsätzlich noch einmal gebrauchte?

Endlich war es geschafft! Marie hatte ein kleines Bild gemalt, eines mit Ähren, angedeuteten Korn- und Mohnblumen. Noch am Sonntagmorgen hatte sie daran gesessen, um es Charlotte jetzt zu schenken. Um es gerahmt zu bringen, hatte ein anderes Bild dran glauben müssen. Ein Kunstdruck, den Marie nach der gestrigen Erfahrung so oder so nicht mehr an ihrer Wand sehen wollte.

„Kind ist das hübsch!“ Charlotte war völlig aus dem Häuschen. „Ich kann gar nicht glauben, dass das dein erstes Bild ist!“

„Doch!“, antwortete Marie stolz und klopfte sich selbst auf die Schulter. „Und es heißt ‚Ernte‘. Eigentlich müsste es ‚Charlotte‘ heißen. Mit dem Titel wäre alles darin enthalten, deine Anregungen und was sie bewirkt haben. Und eine Andeutung auf deine gelegentliche Bissigkeit wäre es auch. ‚Charlotte‘ … kommt das nicht von ‚Zwiebel‘?“

„Noch ein Wort“, lachte Charlotte, „und du kannst dir den Kuchen heute malen: Ich esse ihn dann allein, und das wird dich schmerzen, denn es handelt sich um Eierlikörtorte.“

„Das würde ich nicht aushalten!“, stöhnte Marie. „Und welche Botschaft erfahre ich heute? Deine Kuchen sind doch wie Glückskekse, es ist immer ein Zettelchen mit einer Losung im Teig.“

Sie tanzte einen Moment lang durch die Küche und küsste Charlotte zum Abschluss auf die Stirn.

# Eierlikörtorte

*Für den Boden:*
*80 g Butter*
*50 g Zucker*
*5 Eigelb*
*5 Eiweiß*
*50 g Zucker*
*200 g Mandeln – gemahlen*
*100 g Kuvertüre 60/40 – fein gehackt*
*20 g Backpulver*
*50 g Eierlikör*

*Für die Oberfläche:*
*100 g Mandeln, gehobelt und geröstet*
*400 g Sahne*
*150 ml Eierlikör*

Butter und Zucker zusammen aufschlagen und die Eigelb nach und nach zugeben. Mandeln, gehackte Kuvertüre und Backpulver mischen. Eiweiß mit dem Zucker aufschlagen. Alles zusammen zu einer glatten Masse verarbeiten.
Ring - 26 cm Durchmesser mit Backtrennpapier einschlagen und die Masse einfüllen.

Bei 190 °C ca. 50 Minuten backen.
Nach dem Backen den Boden *ganz* auskühlen lassen.

Den erkalteten Boden aus dem Ring lösen. Die Sahne aufschlagen und den vorbereiteten Boden mit der Sahne einstreichen. Am äußeren Rand die gehobelten Mandeln andrücken. Die restliche Sahne in einen Spritzbeutel mit einer 8er Sterntülle geben und den äußeren Rand der Oberfläche mit Rosetten verzieren. Auf der verbleibenden Oberfläche den Eierlikör verteilen.

„Sag mal“, Charlotte legte Teller und Gabeln auf, „was ist mit dir denn heute los? Du bist ja wie ein Frühlingskind, so zwitscherig und gut gelaunt. Bist du verliebt?“

VERLIEBT?

Marie musste sich jetzt erst einmal setzen.

VERLIEBT?

IN WEN?

OH NEIN!

Sie wusste es. Oh nein, sie wusste es. Lieber Gott, wie hatte denn das passieren können? Er war doch ihr Kollege! Beruf und Privat waren zu trennen! Das hat keine Zukunft, schimpfte sie sofort, das ist ja wohl das Allerletzte. Und die, die trotzdem im Job anbandeln, die gehen den anderen auf die Nerven, und zu einer unguten Stimmung führt es auch.

„Was ist los? Hat dir meine Frage die Sprache verschlagen?“ Charlotte legte Marie ein Stück Kuchen auf den Teller.

„Mensch Charlotte“, fing Marie an zu stottern. „Du hast eben einen Groschen bei mit fallen lassen. Es stimmt, ich bin total verknallt, aber da geht nichts. Gar nichts. Absolut nichts. Der wird sich nicht mal vorstellen können, dass ich mich in ihn verlieben könnte. Das ist ja fast so, als würde ich mich in den Pfarrer der Gemeinde verlieben. Finger weg, ganz schnell wieder auslieben, kann ich da nur sagen!“ „Das wäre aber schade“, entgegnete ihr Charlotte und begann, eine Geschichte zu erzählen von einer früheren Nachbarin, die sich nicht getraut hatte, zu ihrer Liebe zu stehen und „nun sitzt sie im Altenheim und wird nie erfahren, wie die Geschichte tatsächlich weitergegangen wäre, wenn sie je ein Signal gegeben hätte.“

„Da bin ich ganz schlecht drin", erklärte ihr Marie. „Signale sind gar nichts für mich. Ich gehe immer auf Nummer sicher, weil ich Angst habe, mich zu entblößen. Nicht mal im Fasching ist bei mir eine flotte Geschichte drin. Ich wäre, was das angeht, sogar in der Biedermeierzeit zu bieder gewesen."

„Wie traurig!", entgegnete Charlotte und klimperte mit ihren Augen. „Das Wort heißt Liebesspiel, weil auch viel Spiel dabei ist. Vergnügen, Sinnlichkeit. Es ist ein Geplänkel, ein Tanz. Man muss doch erst einmal jemanden peu à peu kennen lernen, bevor man weiß, dass es ein langer Tanz wird. Neckst du denn gar nicht?"

NECKEN?

„Warum isst du diesen Kuchen gerne – um jetzt mal langsam auf das zu kommen, was du ‚Zettel' nennst."

„Nun, ich mag den nussigen Boden, die Sahne und dann diese sonnengelbe Schicht. Es ist schön, dass am Rand die kleinen hellen Tupfer sind. Das gibt dem Kuchen so ein fröhliches Aussehen. Aber wer ihn kennt, weiß, dass er nicht so harmlos ist, wie er daher kommt. Wenn du so willst, neckt er mich."

„Schön, und was passiert mit dir dabei?"

„Ich necke zurück, und ich habe Spaß daran. So, als ob jemand mit mir flirtet. Ich bekomme ein Kribbeln im Bauch und fühle mich geehrt. Aber eben nur bis zu einer gewissen Schwelle. Es darf nicht lästig werden und ich muss auch die Chance haben, ‚nein' sagen zu können."

„Und nun willst du den armen Daniel um solch eine wunderbare Erfahrung bringen. Und dich vor allem auch! Gibt es denn etwas Schöneres, als sich so ganz als Frau zu fühlen? Zu spielen, mit den Vorzügen, die man hat.

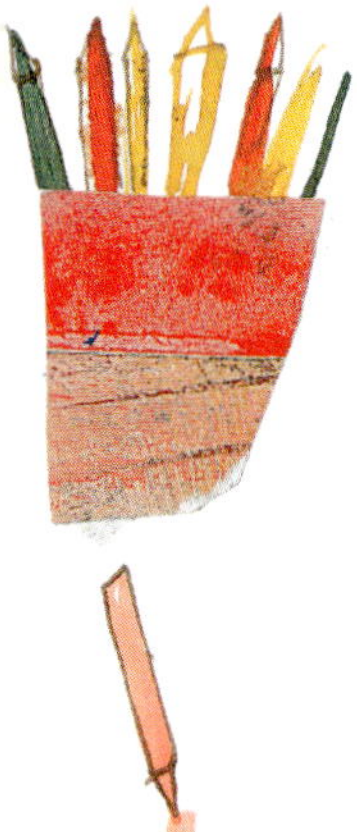

Den Augen, den Haaren, wie man sich bewegt und geht, und wie man lacht? Ist der Frühling nicht eine wunderbare Zeit, auch wenn wir wissen, dass es Herbst und Winter gibt? Die Verführung und das Versprechen. Wie würdest du dein Körpergefühl beschreiben, wenn du an einen Strauß Osterglocken denkst?"

Maries Augen begannen zu leuchten. Oh ja, das waren ganz wunderbare Boten. Osterglocken hatten so eine Vollkommenheit. Sie war verliebt in ihre Form, der Größe, dem Ausdruck. Der Blick auf Osterglocken konnten sie dazu verführen, den ganzen Tag zu vertrödeln. Die Füße hoch zu legen. Kuchen zu essen. Gerne auch Eierlikörtorte, weil die von der Farbe und Stimmung so gut passte.

„Wenn ich mich in die Osterglocken-Stimmung hineinversetze, dann fühle ich mich rundum begehrt", sagte Marie und wunderte sich über sich selbst. „Es ist ein ganz weibliches Gefühl."

„Wenn du weiblich bist, dann gibst du deinen Sinnen nach, ohne aufdringlich zu sein. Du bist dir deiner selbst bewusst, auch deiner Rolle als Frau. Wie würdest du es finden, Daniel nicht nur als Kollegin zu begegnen, sondern auch in deiner ganzen Weiblichkeit?"

Das geht nicht, entschied Marie. Ich kann nicht mit kurzen Röcken im Büro antanzen. Aber andererseits hatte das mit Weiblichkeit nicht viel zu tun. Weiblichkeit war ein Duft, ein Augenblick, ein Versprechen. Sie hatte dieses Lebensgeschenk schon lange nicht mehr richtig ausgekostet. Wann hatte sie das letzte Mal Parfum benutzt, oder einen Lippenstift

gekauft? Würde Daniel nicht erschrecken, wenn sie mit diesen Äußerlichkeiten anfing? Was würden die anderen sagen?

„Ich trau mich nicht“, gestand Marie.

Charlotte stand auf und entnahm einem Buch ein Bild. Eine junge Frau war darauf abgelichtet, die an einer großen Kaffeetafel stand. Es war ein altes Foto. Die Frau trug eine lange Perlenkette, die sie neckisch um den Finger gewickelt hatte. In ihrem Haar steckte ein Reif. Ihr Gesichtsausdruck war ansteckend glücklich. Sie lachte in die Kamera und auf gewisse Weise auch mit jedem, der das Bild betrachtete.

„Ein schönes Foto“, sagte Marie. „Es ist so unkompliziert. Die Frau ist so anziehend. Aber am meisten gefällt mir, dass sie mit sich selbst zufrieden scheint.“

„Das war ich auch“, lächelte Charlotte.

DAS war Charlotte!?!

„Und zwar, nachdem ich begriffen hatte, dass Weiblichkeit etwas mit meinem Geschlecht zu tun hat und nichts mit meiner Kompetenz. Ich kann zugleich in meinem Beruf Erfolg haben und Frau sein. Diese Einsicht erhielt ich, als ich den Genuss der Verführung für mich entdeckte. Diesen leichten, sinnlichen Weg, der für alle Möglichkeiten offen ist. Ich habe mich damals auf das Spiel der Liebe eingelassen, und das war eine höchst erfreuliche Zeit in meinem Leben. Liebe gehört dazu. Du kannst nicht nur Pläne schmieden. Sei doch froh, dass es einen Mann gibt, der dich interessiert. Gönne ihm den Genuss! Und vor allen Dingen: Gönne dir den Genuss! Spiel ein wenig Frühling. Sei ein wenig wie eine Osterglocke. Du kannst dich schon auf dich verlassen, dass du keine Grenzen übertrittst.“

Das musste Marie erst einmal verdauen. Frau zu sein … war ihr das nicht manchmal richtig fremd? Genießen, im Gefühl baden, verheißungsvoll sein.

„Auf den Schreck“, sagte sie, „brauch ich ein Stückchen Torte!“

„Es scheint, als hättest du verstanden, was ich meine!“ neckte sie Charlotte. „Und genieße jeden Bissen. Von Menschen, die lustvoll genießen können, kann es nämlich nicht genug geben auf dieser Welt!“ Sie betrachtete sich den Kuchen. „Gelb ist die Farbe des Frohsinns und der Leichtigkeit. Sahne die Verführung schlechthin. Kannst du diese Geschenke des Kuchens annehmen?“

Marie schluckte und antwortete leise: „Ja!“

„Na, dann nichts wie los“, flüsterte Charlotte verschwörerisch zurück.

# 7. Sonntag

Kann sich ein Mensch kostümierter vorkommen?, fragte sich Marie, als sie ihren Mund mit dem neuen Lippenstift geschminkt hatte. Es war die Trendfarbe der Saison. Ein etwas ins Pink gehendes Rot mit Goldflimmer. Ihre Lippen sahen wirklich sehr verführerisch aus, wobei sich Marie gleich dachte, dass es wohl kaum ein Mann wagen würde, diese rotgoldene Pracht tatsächlich auch zu küssen. Nicht auszudenken, wie er sich dadurch verschmieren konnte! Außerdem, wenn schon, denn schon, hatte Marie noch Puder und Rouge gekauft. Alles von einer sündhaft teuren Firma. Eigentlich, so dachte sie, genügte es schon, diese kleinen Döschen in der Handtasche zu haben, um sich tatsächlich verführerisch zu fühlen.

In den Jahren zuvor hatte Marie eher den Typ „Natürlichkeit" vertreten. Ihre dunkelblonden Haare waren zwar voller blonder Strähnchen (schon diese Aktion hatte sie damals ungeheuren Mut gekostet), aber Marie trug ihr Haar nur hübsch brav halblang und verzichtete auf Spängchen, Schleifchen oder irgendwelchen Glitzer. Nun wollte sie gerne etwas ändern, wusste aber nicht so recht, was und wie. Wenn mich da überhaupt jemand unterstützen kann, dann Greta, erkannte sie schon in der ersten Phase dieses „Projektes".

Sie stieg in ihr Auto und fuhr in die Stadt. Vor dem Laden zog sie ihre Lippen noch einmal nach, damit Greta die Farbe auch bemerkte. Dann öffnete sie, völlig gelassen, die Tür des Ladens und trat ein. Greta kassierte gerade die letzte Kundin ab, die sich noch im Laden befand. Marie winkte ihr mit der Hand einen kleinen Gruß zu und sah, dass sich Gretas Mund verzog und die Stirn wie die eines Dackels in Falten legte. Oh je, dachte Marie. Eigentlich könnte ich schon wieder gehen, denn ich weiß bereits alles, was ich wissen wollte. Dennoch gab sie sich ganz unbekümmert.

Als die Kundin endlich gegangen war, küsste sie Greta auf die Wange. „Hallo", sagte sie und „Schön, dass du heute Abend Zeit hast!" Der Lippenstift hinterließ, auch wenn man alles andere von ihm erwartete, keine Spuren.

„Freundin", grüßte Greta zurück. Marie erschauderte leicht. Mit Freundin begann Greta immer, wenn etwas wirklich Ernstes zwischen ihnen zu klären war. „Wer hat dir zu diesem Lippenstift geraten?" Sie sah Marie fragend auf den Mund.

„Er ist fantastisch, findest du nicht auch?", versuchte Marie den Stift gegen alle inneren Impulse zu verteidigen. „Es ist die Trendfarbe der Saison!" „Mag ja sein", gab Greta in trockenem Ton zurück, „deine ist es jedenfalls nicht. Wenn du schon so schwer wiegende Einkäufe tätigst, könntest du nicht jemanden mitnehmen, der dich liebt? Zum Beispiel mich?"

Marie gestand Greta ihren Versuch mit der Verführung ein und mit allem, was dazu gehört, also auch den inneren Gefühlen, vertraut zu werden. Sie hatte es satt, als personifizierte Rechenmaschine durch endlose Bürogänge zu huschen.

„Ich möchte Farbe in mein Leben bringen und Duft. Verstehst du nicht?"

Natürlich verstand das Greta, die für ihr eigenes Aussehen ein wunderbares Händchen hatte. „Deswegen sagte ich ja: Wenn du dir schon ein neues Outfit kreieren möchtest, dann mach es nicht allein! Wozu hast du mich? Ich bin froh, dir mein Know-how zu geben. Umgekehrt käme mir nie in den Sinn, einen Leasing Vertrag zu unterzeichnen, ohne ihn dir gezeigt zu haben..."

„Da tust du auch gut dran", grinste Marie. Greta und Verträge waren nämlich ein Kapitel für sich.

„Pass mal auf!" Greta verschloss den Laden von innen. „Gleich haben wir eine Menge Spass!"

Ein richtiger Freundinnenabend war zu zelebrieren! Einer mit Anprobieren, Erzählen, Lachen. Greta stand auf, um die Kasse abzuschließen. „Wir machen jetzt hier ein wenig Privatberatung. Aber, by the way, es ist nicht nur der Lippenstift... du siehst heute insgesamt ein wenig merkwürdig aus." Sie verdunkelte die Fenster. „In deinem Blick liegt so ein ganz besonderer Glanz. Gibt es da vielleicht etwas, das ich noch nicht weiß?"

„Ich glaube, ich bin verliebt!“, gestand Marie ganz schüchtern. Es fiel ihr schwer, diesen Satz zu sagen.

„Aber Liebes“, Greta lachte laut los. „Natürlich bist du das!“ Sie umarmte Marie mit beiden Händen. „Und er ist es auch. Ihr beide habt euch ja schon bei der Vernissage wie Honigkuchenpferde angestrahlt.“

War das möglich, dass auch Greta … und wieso hatte Marie dann nichts bemerkt?

„Na komm! Dann wollen wir mal die Braut zu schmücken beginnen“, foppte Greta weiter. „Zu einer neuen Liebe, gehört doch mehr als nur ein neuer Mann! Oder? Wie wäre es denn damit?“

Sie zog einen wunderbares Twinset aus dem Regal. „Rosa. Das ist auch eine Trendfarbe, aber diesmal eine, die dir steht. Komm schlüpf rein … und dann bringe ich dir auch noch ein paar schöne Hosen. Zieh dich aus, hab keine Hemmungen. Uns gehört die Nacht!“

Als Marie ihre Haustür wieder aufschloss, schlug es vom Kirchturm halb ein Uhr Nacht. Unglaublich, wie schnell die Zeit vergangen war. Greta und sie hatten den ganzen Abend verbotenerweise im Ladenraum verbracht, und Marie war mit vielen Tüten und Täschchen in ihre Wohnung zurückgekehrt. Wunderbare Dinge hatte sie erstanden. Greta hatte ihr die schönsten Pullover, Hosen, Röcke, Kleider und ein Kostüm zum Anziehen gebracht. Da beide allein waren, konnte Marie die Kleider in aller Ruhe auswählen und prüfen. Sie hatten auf Hockern sitzend Sekt getrunken, geplaudert, ganz verbotenerweise geraucht und über Daniel gesprochen. Greta fand ihn sehr anziehend! Marie hatte das nie bemerkt.

Welch ein Abend! Verrückt, wie im Kino. Sie war sehr glücklich und genoss es, sich zu spüren. Zu fühlen, dass ihr Herz zu solchen Sprüngen fähig war. Sprüngen, die nicht nur einem Mann galten, sondern auch ihrer Freundin, ihrer Großmutter und letztendlich sogar auch ihrer Mutter.

Es war gut zu wissen, dass das Leben ein Fluss war. Alles konnte sich zu jeder Zeit ändern. Verhältnisse, Menschen, Lebensform und Ausdruck, Beziehungen und auch das eigene Aussehen. Müde, aber sehr zufrieden putzte sie sich die Zähne und schlüpfte schnell ins Bett. Vor dem Einschlafen überlegte sie, was sie morgen von den vielen Sachen anziehen würde. Das hellblaue, dachte sie schläfrig und drehte sich auf die Seite. Das passt zu meinen Augen.

Daniel winkte sie gleich morgens in sein Büro.

„Wir müssen noch kurz sprechen“, sagte er und gab seiner Sekretärin ein Zeichen, nicht zu stören. „Sigrid hat mir erzählt, dass du bei ihr warst. Schön, dass ihr euch sympathisch seid. Sie hat mir auch zugesagt, die Plakate zu gestalten. Hast du dich mit Frau Frey darüber noch mal verständigt?“

„Wir waren letzte Woche gemeinsam Mittagessen, und sie hat mir ein paar Sprüche mitgebracht, die sie im Laufe ihres Lebens gesammelt hat“, grinste Marie. „Sagt dir das genug?“

„Allerdings“, freute sich Daniel. „Die alte Säge … sie wird doch am Ende nicht noch handzahm werden?“

Marie zuckte mit den Schultern. Ihre innere Fröhlichkeit verfärbte sich ein wenig. Daniel hatte nichts bemerkt. Er hatte sie nicht einmal richtig angesehen. Während sie da stand, sortierte er Akten und machte Unterschriften. Charlotte und Greta hatten ihr da was eingeredet! Wie vermutet, sah Daniel in ihr eine Kollegin und mehr nicht. Wie war Greta auf den Blödsinn gekommen, dass er Gefühle für sie empfand? Und sie selbst? Marie bemerkte ein leichtes Zittern ihrer Hände. Na, ganz gleichgültig war er ihr wirklich nicht, wie er so da saß, der große, schöne Mann mit den braunen Augen. Wieso war ihr nie aufgefallen, dass er ein Grübchen hatte? War sie denn all die Jahre blind gewesen?

„Ich werde nachher in die Druckerei gehen und alles absprechen", informierte sie Daniel in ihrer Geschäftsstimme. Es genügte schon, dass sie in Himmelblau und dann auch noch im Kleid daherkam. Er sollte bloß nicht denken, dass sie sich für ihn so angezogen hatte. Daniel kam zu ihr herüber und reichte ihr ein paar Blätter. Es waren verschiedene Gedichte und Sprüche darauf vermerkt. Seine persönliche Sammlung für die Sprüche-Aktion im Haus.

„Vielleicht magst du die im Laufe des Tages mal durchsehen", sagte er, „und mir am Abend Rückmeldung geben, ob etwas dabei ist, das dir gefällt."

Enttäuscht nahm Marie die Blätter. Tja, ausgeträumt, dachte sie. Was Daniel anging, hatte sie sich gründlich geirrt. Da war nichts in seinem Blick. Keine Andeutung, keine Frage, nicht einmal ein Kompliment.

Desillusioniert legte sie die Blätter auf ihren Schreibtisch und sah erst einmal die Tagesaufgaben durch. Mehrere Projekte und Anfragen mussten

noch bearbeitet werden. Es ging um Bauvorhaben und um eine kleine Dienstleistungsgesellschaft, die Fahrten übernehmen wollte, indem sie Schrauben von hier nach dort brachte. Marie überlegte, ob es an der Zeit war, einen anderen Job zu suchen. Im Grunde hatte sie von den Baustoffen und Rohren, die hier vertrieben wurden, genug. Es gab auch noch andere Möglichkeiten, sein Geld zu verdienen! Wenngleich das Arbeitsklima wirklich prima war. Ich werde darüber nachdenken, nahm sie sich vor. Kalkulieren und Projekte planen ja, aber vielleicht mal in einem anderen Unternehmen.

Als die meisten Kollegen sich daran machten, nach Hause zu gehen, und es draußen langsam dämmrig wurde, holte sich Marie noch eine Tasse Kaffee und den Stapel Blätter, den ihr Daniel am Morgen überreicht hatte. Es war ein angenehmer Gedanke, mit schönen Gedichten und Zitaten einen Arbeitstag zu beschließen.

Bald waren nur noch wenige Arbeitsräume besetzt. Von den Kollegen, die noch da waren, vernahm Marie das leise Klappern der Computertastaturen. Frau Michel, im Büro schräg gegenüber, hatte ihr kleines Transistorradio an. Es wurde Filmmusik gespielt, das erkannte Marie sofort. „Chocolat" und „Die fabelhafte Welt der Amélie", beides Filme, die sie liebte. Sie nahm einen Schluck Kaffee und blickte aus dem Fenster. Wie schön, die Lampen wurden bereits eingeschaltet, und die Stadt begann zu leuchten. Marie mochte den Zauber der blauen Stunde. Der Tag neigte sich, und viele Geheimnisse waren noch offen. Wie wohl der Abend enden wird?, konnte man sich fragen.

Du meinst wohl, welche Fernsehsendung wird es geben?, entgegnete sich Marie sarkastisch. Es war nicht jeder Tag Weihnachten, und sie wollte auch nicht unbescheiden sein. Schließlich hatte sie erst gestern eine Überraschungsnacht erlebt! Sie legte die Blätter von Daniel vor sich hin und sah sie einzeln durch:

Ich habe immer gemacht, was ich mir vorgenommen hatte.
Die einen leben – und die anderen üben nur!
(Aus einem Interview mit Inge Meysel)

Wachse über dich hinaus!
(Anonym)

Wunder entstehen im Herzen …
(Pinocchio)

Na ja, dachte Marie, das ist ja eine ziemlich gewagte Mischung. Ich bezweifle, dass wir hier einen Spruch von Pinocchio aufhängen können. Hoffentlich kann ich Daniel das schonend beibringen, ich will ihn schließlich nicht verletztten. Sie zog das nächste Gedicht hervor.

Wenn dir's im Kopf und Herzen schwirrt,
Was willst du Besseres haben?
Wer nicht mehr liebt und nicht mehr irrt,
der lasse sich begraben.
(Johann Wolfgang von Goethe)

Sie schmunzelte und betrachtete es sich genauer. Auf dem unteren Rand des Blattes war ein Pfeil, der darauf hinwies, das Blatt zu wenden. Marie befolgte die Aufforderung nur zögerlich. Die Blätter waren privat, und vielleicht hatte Daniel hier etwas übersehen. In Daniels Handschrift war auf der Rückseite zu lesen:

*Liebe Marie,*
*du siehst heute zauberhaft aus! Ich möchte gerne mit dir essen gehen. Hast du ein wenig Zeit?*
*D.*

Marie stockte der Atem, und ihr Herz begann, Purzelbäume zu schlagen. Wann hatte er das geschrieben? Sie las das Gedicht, die Anmerkung erneut. Dann noch mal. Und noch mal. Und dann hatte sie immer noch nicht genug. Ich muss ruhig bleiben, ermahnte sie sich mit strenger Stimme. Das ist ja pubertär, wie ich mich gerade fühle. Meine Güte … er möchte mit mir essen gehen, na und? Sie ging zu Daniel, klopfte an und steckte ihren Kopf durch die Tür.

„Aber sehr gerne!“, lächelte sie.

„Puh, das hat aber lang gedauert!“, brummte er, und seine Augen strahlten. „Weißt du, wie lange ich hier schon auf heißen Kohlen sitze? Seit heute früh!“

„Na, das ist aber eine nette Geschichte“, sagte Charlotte und klatschte in die Hände. „Und so unkompliziert! Wunderbar!“

Marie schmunzelte.

„Ja, ich kann es selbst kaum fassen. Alles ging wie von allein. Es gab gar kein Ziehen und Zerren, und ich hatte an diesem Abend auch wirklich Zeit. Daniel führte mich in ein wunderbares Restaurant, und eigentlich gab es gar keine große Flirtphase. Es war einfach klar. Natürlich ist es nicht so, dass wir gleich die Nacht miteinander verbrachten, und dennoch meine ich, sagen zu können, wir sind ein Paar. Ich bin sehr verliebt und habe in Daniel einen Menschen entdeckt, den ich wirklich vorher nicht sah. Stell dir vor, wir arbeiten schon fast seit zwei Jahren zusammen!“

Marie musste wieder daran denken, wie Daniel ihr das gleiche von sich erzählt hatte. Wie es bei ihm auf einmal gefunkt hatte, von einer Sekunde auf die andere. Bei dieser Besprechung, die so kompliziert gewesen war. Und wie er sich Gedanken gemacht hatte, weil er doch mit ihr zusammenarbeitete und dann auch noch eine Tochter hat.

„Ich habe mit der Tochter kein Problem“, meinte Marie. „Ich freue mich darauf, sie kennen zu lernen. Sie kommt dieses Jahr in die Schule, und es wäre schön, wenn wir uns gut verstehen.“

„So einfach wird das vielleicht nicht sein“, ermahnte sie Charlotte. „Das Kind muss sich an dich gewöhnen. Und biete ihr bitte nicht den Kuchen an, den es heute gibt: Gugelhupf! Ich glaube, Kinder hassen diesen Kuchen, denn es ist keine Schokolade darin. Doch für eine junge und schon so ernste Liebe, das verspreche ich dir, gibt es kein besseres Kuchenrezept.“

# Gugelhupf

*400 g Mehl*
*50 g Hefe*
*375 ml Milch*
*400 g Butter*
*250 g Zucker*
*6 Eigelb*
*125 ml Milch*
*1 Prise Salz*
*500 g Mehl*
*300 g kandierte Früchte*

Aus Mehl, Hefe und den 375 ml Milch einen Vorteig ansetzen und mindestens 30 Minuten gehen lassen. Die weiche Butter, den Zucker, das Salz und die Eigelb mit der restlichen Milch cremig weiß aufschlagen und unter den gegangenen Vorteig mischen. Das gesiebte Mehl mit den kandierten Früchten mischen und zum Schluss unterrühren.
Eine Gugelhupfform ausbuttern, Mehl ausstreuen und anschließend den fertigen Teig in die Form füllen. Den Gugelhupf erneut gehen lassen, bis der Teig knapp unter dem Rand ist.

Bei 180 °C ca. 45 Minuten backen.

Den fertig gebackenen Gugelhupf heiß aus der Form stürzen und mit 100 g flüssiger Butter einpinseln. Zum Schluss in Kristallzucker wälzen. Vor dem Servieren mit Puderzucker abstauben.

Auf dem Tisch stand ein großer Gugelhupf, noch warm, der mit Puderzucker bestäubt war. Wieder hatte Charlotte ein Spitzendeckchen aus Papier darunter gelegt.

„Das sieht so süß aus!“, kommentierte Marie das Arrangement.

„Und ist süß!“, erklärte ihr Charlotte. „Es sind Rosinen darin, Orangeat, Zitronat und Zucker. Der Kuchen ist schwer, aber nicht zu schwer. Er ist warm und sinnlich. Außerdem gibt er einem das Gefühl von Geborgenheit. Es ist ein Kuchen für die Ehe – oder eine feste Beziehung, wie ihr heute dazu sagt.“

„Wir sagen: Lebensabschnittsbegleiter.“

„Dafür ist er, glaube ich, nichts. Gugelhupf verspricht das Miteinandersein auf eine lange Zeit. Er sagt: Ich bleibe bei dir, in guten und in schlechten Tagen. Ich bin verlässlich und ein Symbol für die Werte, die schon unsere Großeltern hinsichtlich der Ehe hatten.“

Marie musste schlucken. Sie war sehr gerührt und wusste nicht, was sie sagen sollte. Jetzt schon über Ehe zu sprechen, erschien ihr etwas zu früh. Schließlich hatte sie vor nicht allzu langer Zeit gerade eine Trennung überstanden.

„Gugelhupf ist bodenständig. Er braucht keine Schörkel, kein Getue. Er sagt, ich liebe dich auch mit Grippe und wenn du einst mal Falten hast, denn seine Werte sind im Inneren. Du findest den Reichtum erst, wenn du ihn aufschneidest. Erst dann entdeckst du die Rosinen. Von außen betrachtet, erscheint der Gugelhupf an sich eher langweilig. Aber dann, wenn man ihn isst, dann weiß man, dass es fast nichts Köstlicheres gibt! Eine nach außen hin ruhig und unauffällig geführte Ehe kann also nach

Gugelhupfdenken sehr viele Überraschungen im Inneren bieten. Da hast du dann auch gleich etwas über Vorurteile mitgelernt: von wegen dröger Kollege aus der Holding! Gugelhupf lädt zum Wohlfühlen ein. Man bräuchte nicht mal Servietten oder Kuchengabeln, wenn man darauf verzichten wollte. Wobei ich dir gerne raten würde, nicht nachlässig zu werden. Damit der Gugelhupf beeindruckt, braucht er gerade diese Accessoires. Betrachte dir das Spitzendeckchen. Es hat einen Sinn, eine Botschaft, und die kommt immer an: die Achtsamkeit im Sinne von Verschönern. Lebe Gugelhupf – aber mit Puderzucker!“

Marie rührten diese Bilder sehr. Sie wünschte sich eine verlässliche, aber keine langweilige Beziehung. So eine, wie sie ihre Großeltern gelebt hatten. Dunkel erinnerte sich Marie daran, wie der Großvater auch im Alter noch sehr verliebt in Charlotte gewesen war. Sie hatten sich bis zuletzt miteinander vergnügt. Marie hatte Sehnsucht nach einer ähnlichen Beziehung! Sie wollte Rosinen – im Kopf und in der Liebe.

„Lass uns Gugelhupf essen“, bat sie ihre Großmutter. „Und erzähl mir, wie es mit dir und Opa war. Jetzt, wo ich erwachsen bin, vermisse ich ihn mehr denn je. Ich möchte von eurer Liebe lernen.“

Charlotte grinste. „Wenn man das überhaupt kann. Ich will dir gerne erzählen, aber deine Fehler, auch die süßen, musst du schon selbst machen. Und eines vorneweg: Alle Geheimnisse verrate ich dir nicht.“ Sie lächelte verschmitzt. „Sonst habe ich dir ja gar nichts mehr zu erzählen.“

„Glaub ich nicht!“, sagte Marie. Sie liebte ihre Großmutter, wenn sie so aufgeweckt war. Wenn der Schalk auf ihrer Schulter saß und fröhlich winkte. Charlotte hatte das Glück, jetzt im Alter von schönen Dingen zu berichten. Ihre Sicht auf die Welt war von Sonne geprägt, obwohl sie es auch nicht immer leicht gehabt hatte. Es war Maries größter Wunsch, irgendwann einmal selbst so erfüllt zu sein. Sie wollte im Alter Geschichten haben. Aber, wie hatte es Charlotte bereits ganz treffend formuliert: Um Geschichten erzählen zu können, muss man welche erleben. Und dazu musste man sich auf den Weg machen, denn Geschichten klopfen nicht einfach an die Tür.

„Ach ja, und übrigens“, Marie zeigte Charlotte einen Prospekt, „ich werde einen Malkurs besuchen. Und zwar in Frankreich im Dezember. Na? Kannst du dir denken, wer diesen Kurs leitet?“

Natürlich konnte das Charlotte.

# 8. Sonntag

Es war wie ein Wunder, und so würdigte es auch Marie. Daniel und sie waren ineinander verliebt! Marie stand im Bad und betrachtete sich nach dem Zähneputzen noch eine Weile im Spiegel. Und man sah es ihr auch an: Sie war glücklich verliebt! Nicht nur glücklich.

Den gestrigen Abend hatte sie mit Daniel verbracht. Erst wollten sie ins Kino gehen, und dann waren sie doch daheim geblieben. Daheim, dachte Marie, es gibt wieder einen Menschen, der mit mir daheim bleiben möchte. Im Grunde war sie nicht lange Single gewesen, nur wenige Wochen und eigentlich auch nicht auf Partnersuche. Und dann fliegt dieser Amor heran, lächelte Marie in sich hinein, über unsere Köpfe hinweg und schießt seine Pfeile ganz einfach los. Obwohl die Trennung von Sebastian noch nicht lange her war, zeigte Marie nicht die geringste Spur von Furcht, wieder in eine Beziehungsfalle zu geraten. Sie suchte auch keine Vergleiche, Gegensätze oder Übereinstimmungen. Es war Marie so, als hätte sie nicht nur ein neues Kapitel, sondern ein ganz neues Buch begonnen.

Sie ging aus dem Bad in die Küche und nahm sich ein Glas Orangensaft. Damit hatte es angefangen, mit den Orangen. Alles war weicher in ihrem Leben geworden. Marie konnte sich kaum noch daran erinnern, mit welcher Verbissenheit sie früher den Dingen hinterhergeeilt war. Wie hatte sie kontrolliert und bestimmt. Besonders sich selbst. Nie hatte es eine Minute Ruhe gegeben, immer war sie innerlich oder äußerlich unterwegs gewesen. Ihre und Sebastians Wohnung hatte einem durchorganisierten Lager geglichen, in dem sich die Bewohner nur zur Schlafenszeit einfanden. Ein Heim, so wie es das heute war, war es nicht gewesen. „Ich hatte da einen blinden Fleck“, meinte Marie. Obwohl es offensichtlich war, dass ich neben Sebastian herlebte, habe ich es nicht bemerkt. Und meine Familie und meine Freunde wagten es nicht, mich mit der Nase darauf zu stoßen. Ich hätte ihnen vermutlich auch nicht geglaubt, dachte sich Marie.

Sie sah aus dem Fenster und entdeckte große Scharen von Vögeln, die gen Süden zogen. Es war ein großes Zwitschern und Kreischen in der Luft. Hunderte von ihnen hatten sich auf Bäumen, Dächern und Stromleitungen versammelt. Mit einem Mal erhob sich die ganze Schar und machte sich auf den Weg in die Sonne. Bald war es an der Zeit, diesem Jahr Adieu zu sagen. Marie sah den Vögeln nach, aber das Fernweh, dass sie von diesem Anblick kannte, blieb diesmal aus. Diesen Herbst und Winter würde sie gern hier verbringen. Bis auf die kleine Unterbrechung in Frankreich. Sie würde sich mit Daniel einmummeln, Fernsehfilme anschauen, Tee trinken, erzählen und Kuchen essen.

In Maries Notizbuch standen inzwischen die Rezepte von sieben Kuchen! Einen nach dem anderen wollte sie mit Daniel backen. Und sie wollte, dass er sie zu Charlotte begleitete und auch zu ihren Eltern. Was früher eine quälende Vorstellung war, darauf konnte Marie sich nun freuen. Sie vertraute darauf, dass sie es mit in der Hand hatte, ob solche Treffen gelangen oder nicht. Auch mit Katinka, Daniels Tochter, würde sie irgendwann warm werden. Irgendwann ... es hatte noch ein wenig Zeit.

Wie alles ein wenig Zeit hatte. Marie freute sich, dass der Druck langsam nachließ. Sie holte sich ihren Malblock und setzte sich ans Fenster. Sie mochte den graublauen Herbst mit seinen bunten Tupfen. Die Wolken hingen schwer, und die Bäume bogen sich leicht im Wind. Marie malte einen Baum und Blätter im Wind. An den Himmel stellte sie eine rotgoldene Sonne. Sie hatte in den letzten Tagen viel gemalt. Immer wieder, bevor sie sich mit Daniel traf, hatte sie sich zurückgezogen und die Farben spielen lassen. Es war eine Reihe bunter Bilder herausgekommen. Manche von ihnen waren nicht größer als eine kleine Karteikarte. Marie klebte die kleinen in ihr Notizbuch. Sie wollte die Stimmung dieser Tage dokumentieren, sie in ihrem Buch bewahren. Sie erfreute sich sehr, an ihrer Kreativität. Marie wollte nie mehr in den Zeiten leben, in denen sie sich für solche kleinen Phantasiereisen geschämt hatte. Die Kreativität war ihr Muschelhaus, ihre innere Wohnung.

Die Farben hatten Marie gelehrt, dass sie nur bei anderen sein konnte, wenn sie sich auch Zeit für sich selbst nahm. Sie stand auf und stellte sich das klassische Programm im Radio ein. Dann zog sie den Stecker des Telefons heraus. Die nächste Stunde würde nur ihr gehören. Später würde

Marie sich anziehen und zu Charlotte fahren. Es war Sonntag. Kuchen war angesagt, und Mittagessen fiel deswegen aus.

Charlotte stand am Fenster und winkte Marie zu, als diese ihr Auto parkte. Hatte sie gewartet oder gespürt, dass Marie kam? Marie winkte zurück und betrachtete sich ihre Großmutter aus der Ferne. Sie winkte mit beiden Händen, was zeigte, dass es ihrer Hüfte bedeutend besser ging. Ohne Hilfsmittel stand sie da. Wie schön, freute sich Marie, da muss ich mich nun bald nicht mehr sorgen. Sie wünschte sich für Charlotte einen kleinen Engel, der sie in Zukunft umflog und darauf achtete, dass ihr nicht wieder so ein hässlicher Sturz passierte. Marie schnappte sich ihren Korb, stieg aus dem Wagen und schloss die Tür. Sie musste laut lachen, weil sie schon jetzt, noch Meter entfernt, das Summen der Türanlage hörte. Sie ging einen Schritt schneller und sprang, trotz Korb, die Treppen hoch.

„Was hast du dabei?“ Neugierig sah Charlotte auf den Korb.

„Vitamine statt Blumen“, antwortete Marie und gab Charlotte Birnen, Bananen und ein paar Kiwis. „Die Äpfel habe ich dummerweise daheim liegen lassen!“

„Und da liegen sie auch gut, denn ich habe schon Äpfel von deiner Mutter schon geschenkt bekommen, und die sind jetzt im Ofen und brutzeln vor sich hin. Es gibt Apfelkuchen, ich hoffe du magst ihn noch so gern wie als Kind!“

Marie bückte sich und blickte durch das Ofenfenster. Der Kuchen hatte bereits eine goldbraune Farbe. Nur noch wenige Minuten, dann war er gar. Marie rieb sich ihren Bauch. Das Wasser lief ihr im Mund zusammen.

„Ist das ein Duft!“, sagte sie. „Bis der ausgekühlt ist, das halte ich nicht aus!“

„Das musst du auch nicht!“, scherzte Charlotte. Sie trug ein Tablett, und darauf war eine fertiger, schon mit Puderzucker bestäubter Kuchen. „Den habe ich für uns gebacken. Und der andere ist für dich und Daniel. Mit den besten Grüßen für die Woche.“

„Da wird sich Daniel aber freuen“, Marie küsste ihre Großmutter auf die Wange. „Ich habe ihm schon so viel von dir erzählt und wie du mich unterstützt hast, als es mir nach der Trennung nicht so gut ging.

„Du hast dich selbst unterstützt“, Charlotte küsste ihre Enkelin zurück. Sie strich ihr über das Haar. „Ich habe nur gebacken und mich gefreut, sonntags nicht allein zu sein. Aber es macht mich glücklich, wenn die Stunden auch dir eine Freude waren. Nun sei so lieb, und schlage die Sahne. Ich habe schon alles hergerichtet.“

Marie war froh, auf das Mittagessen verzichtet zu haben. Die Sahne gab dem Apfelkuchen kalorienmäßig den Rest. Er schmeckte einfach köstlich! Maries Teller war schon nach wenigen Minuten leer.

„Auch wenn ich morgen ein Kilo mehr wiege, bei dem Kuchen ist mir das heute gerade egal!“

Marie grinste und nahm sich noch ein weiteres Stück. „Sag mal, wie kommst du eigentlich immer auf diese Kuchengeschichten? Sind die von dir selbst, oder hast du die gesammelt?“

„Das sind doch keine Geschichten!“, entrüstete sich Charlotte schmunzelnd. „Es sind Lebensweisheiten, und auf die meisten wärst du auch allein gekommen, wenn du dir nur ein wenig Zeit genommen hättest. Botschaften dieser Art sammelt man in sich selbst. Man schöpft sie aus dem eigenen Leben. Jeder, der aufmerksam lauscht, kann sie in sich hören. Probier es! Was glaubst du, welche Botschaft für dich in dem Apfelkuchen steckt?“

Marie zuckte überfordert mit den Schultern. Sie war froh, dass sie wieder Bilder malen konnte und sogar hin und wieder den Mut für eigene Verse hatte – doch für diese Art von Philosophie fühlte sie sich zu jung.

„Ich kann das nicht“, begann sie leise zu jammern. „Vielleicht muss man dazu ein paar Jahre älter sein?“

Ausreden hatten bei Charlotte keine Chance. Sie bestand darauf, dass sich Marie ihre eigenen Gedanken machte.

„Schließlich habe ich auch die Krücken in die Ecke gestellt und mich wieder getraut zu gehen. Wenn du dich selbst entdecken willst, dann musst du gehen! Sonst wirst du immer auf Bücher und andere Menschen angewiesen sein. Den Zauber, den du so schätzt, kann sich jeder Mensch erschließen. Es braucht dafür kein besonderes Talent, sondern ein waches Auge und ein weites Herz. Denk an die ganzen Märchen und Bauernweisheiten… in der Regel wurden sie von ganz einfachen Menschen formuliert. Dennoch haben sie eine sehr große Wirkung. Wer einmal angefangen hat, die Botschaften des Lebens zu entschlüsseln, dem wird so schnell nichts mehr entgehen.“

Marie betrachtete sich das Muster ihres Tellers. Es stimmte, was Charlotte sagte. Sie hatte längst begonnen, mehr zu sehen und zu erfühlen. Die Vögel am Morgen waren plötzlich mehr als nur Gefieder. Marie hörte auf einmal, was sie sangen. Lieder, die davon erzählten, dass das Leben schön ist und wir auch nach einem langen Winter auf den Frühling hoffen dürfen. Dieser wundersamen Zeit, in der alles erblüht und auch der älteste Stock noch Knospen treibt.

„Aber was mir ein Apfelkuchen sagen könnte", stockte sie, „dazu fällt mir echt nichts ein."

„Na gut", Charlotte rieb sich die Hände. „Dann schieb mal das Geschirr beiseite, und hol dein Notizbuch her. Wir werden versuchen herauszufinden, was der Apfel dir erzählt."

Gemeinsam saßen Charlotte und Marie über dem Notizbuch gebeugt, fast so, als gelte es, ein kniffliges Kreuzworträtsel zu lösen. Marie sagte immer wieder „Ah!" und „Oh!", und häufig rutschte ihr auch ein „Stimmt, darauf wäre ich gar nicht gekommen!" heraus. Als es draußen langsam dämmrig wurde, entzündete Charlotte eine Kerze.

„Wie geht es dir damit?"

„Du meinst mit der Überschrift ‚Stabilität'?"

Charlotte sagte: „Ja."

„Es passt sehr gut!", fand Marie für sich. Der Apfel hatte durch und durch etwas Stabiles. Wenn man jeden Tag einen aß, blieb man gesund. Er erinnerte an Kindergartentage, wenn sich sein Geruch mit dem des Butterbrotes mischte.

„Kannst du dich noch an Renate erinnern?", fragte sie ihre Großmutter. Renate, ihre Kinderfreundin, deren Eltern Apfelplantagen besessen hatten. Sie hatten sich zwischen den Apfelbaumreihen versteckt, von der ersten Liebe und schlechten Schulnoten erzählt. Wenn Marie die Augen schloss, dann erinnerte sie sich auch an den Duft, der in dem Apfelkeller hing und der aus jeder Kiste strömte. Sie wusste, wie Äpfel in der Hand lagen und dass die Schale eines Boskop sich anders anfühlte als die eines Jonagold. Das alles hatte Renate sie gelehrt. Schön war das gewesen. Die Tage von damals erschienen ihr heute reich und sicher.

„Der Apfelkuchen ist irgendwie auch ein Familienkuchen“, kam ihr dabei der Gedanke. „Auch wenn ich nicht mal mehr weiß, wo Renate lebt.“

Charlotte nickte ihr bestätigend zu. „Ja, und ich finde, besonders unsere Kultur ist mit dem Apfelbaum ganz stark verbunden. Solange ich denken kann, haben mich Apfelbäume begleitet. Und dir, meiner Enkelin, geht das nicht anders. Mit Apfelbäumen gehen wir durchs Jahr. Wir erfreuen uns im Frühling an seinen rosafarbenen Blüten, im Sommer an den Äpfelchen, die verheißungsvoll und rotbäckig an ihm reifen, dann kommt der Herbst, und man kann endlich ernten. Und im Winter schläft er, so wie wir. Einen Apfelbaum pflanzen, du weißt, es ist auch ein Symbol dafür, dass das Leben weitergeht. Ob mit uns oder ohne uns. Selbst Apfeltee hat etwas Leichtes und Beruhigendes. Für wen würdest du gern mal einen Apfelkuchen backen, und was wolltest du demjenigen damit vermitteln?“

Marie musste länger nachdenken. Der Streuselkuchen war für Greta gut gewesen. Für Mutter der Marmorkuchen. Daniel wollte sie am liebsten

# Apfelkuchen

*Für den Mürbeteig:*
*240 g Mehl*
*160 g Butter*
*80 g Puderzucker*
*1 Ei*
*1 Prise Salz*

*Für die Füllung:*
*2 Eier*
*150 g Zucker*
*1 Vanilleschote*
*Salz*
*50 g Stärke*
*250 g Sahne*
*10 mittelgroße mürbe Äpfel*
*1 gehäufter Teelöffel Zimt*
*60 g gemahlene Haselnüsse*

Den Mürbeteig zubereiten, ca. 4 mm stark ausrollen, und eine gefettete konische Kuchenform mit 28 cm Durchmesser mit dem Teig auslegen.

Die Äpfel schälen, halbieren und das Kerngehäuse entfernen. Ca. fünf Hälften in jeweils fünf Spalten schneiden und den Boden der ausgelegten Form damit auslegen. Zimt und Haselnüsse mischen und auf Apfelspalten gleichmäßig verteilen. Die restlichen Apfelhälften in je drei Spalten schneiden und diese zu feinen Blättchen schneiden.

Eier, Zucker, Salz und ausgeschabte Vanilleschote aufschlagen und anschließend die Stärke und die flüssige Sahne unterrühren.

Ein Drittel des Gusses in die vorbereitete Form geben. Die restlichen Äpfel auf dem Kuchen verteilen und anschließend den restlichen Guss auf den Äpfeln verteilen. Bei 200 °C ca. 60 Minuten backen und noch lauwarm aus der Form stürzen.

zuerst mit Eierlikörkuchen und später mit Gugelhupf verwöhnen. Der heiße Orangenbiskuit würde sicherlich Sigrid inspirieren. Aber Apfelkuchen?

„Wenn ich ein Kind hätte, wüsste ich es sofort." Kopfschüttelnd blickte sie Charlotte an. „Ich würde ihm damit sagen wollen, dass es bei mir sicher ist. Dass meine Liebe nicht von Launen abhängt. Aber so ..." Ihr Gesicht hellte sich schlagartig auf. „Vielleicht für die kleine Katinka! Ich werde den Kuchen backen, wenn sie kommt."

„Richtig", lobte sie Charlotte. „Das hast du sehr gut erkannt. Mit dem Apfelkuchen geben wir ein Stückchen Heimat. Er ist uns so vertraut, dass wir in Ruhe das Neue erproben können. Er ist wie Erde und trägt alle Jahreszeiten in sich vereint. Dennoch ist er auch verheißungsvoll, denn du weißt nie, ob die Apfelstückchen süß oder auch ein wenig sauer sind. Jeder Bissen kann anders schmecken, und dennoch bleibt der Geschmack des Kuchens gleich. Wenn wir die Augen beim Genießen schließen, dann werden wir wieder Kind. Vertrauensvoll legen wir unsere Hand in die des Lebens und wiegen uns in dem Gefühl, dass das Leben es gut mit uns meint."

Marie schloss die Augen. Sie sah sich im Stuhlkreis im Kindergarten sitzen und mit den anderen Kindern singen:

In einem kleinen Apfel,
da sieht es lustig aus,
darinnen sind fünf Stübchen,
grad wie in einem Haus ...

Weiter kam sie nicht.

„Es wäre doch auch interessant“, sie öffnete die Augen wieder, „einen Apfelkuchen in die Firma mitzunehmen. Schließlich ist so eine Abteilung auch eine Familie und ein Kindergarten obendrein.“

„Versuch es!“, munterte Charlotte sie dazu auf, „und schau, was passiert. Könnte sein, dass alle ein wenig näher rücken und der tägliche Kampf gegeneinander eine Weile ruht. Vielleicht werden auch neue Ideen aus dieser entspannten Situation hervorgehen, denn Apfelkuchen symbolisiert alles andere als Konkurrenz!“

Die Idee war wirklich gut, fand Marie. Sie würde den Kuchen nächsten Mittwoch backen, wenn die Sprüche angebracht wurden. Es waren sieben an der Zahl. Für jeden Tag in der Woche einen.

Nur sieben Sprüche, dachte Marie, und was für ein Theater. Unwichtig, winkte sie innerlich ab. Es war besser als nichts, und ein Anfang war gemacht. Sieben waren ganz entscheidend mehr als Null.

„Wolltest du nicht gehen?“ Charlotte deutete auf die Uhr.

„Oh ja“, schon hatte Marie ein schlechtes Gewissen. Kaum gab es wieder einen Mann, wurde die Zeit ihr knapp. Aber Charlotte tätschelte ihr ganz gelassen die Hand: „Grüß schön, und nimm den Kuchen mit. Ich habe meine Apfelkuchenzeit schließlich gehabt … und glaub’ mir, sie war wunderschön. Hinter einer jungen Liebe müssen alte Großmütter einfach anstehen. So ist es, und so wird es bleiben. Und wenn du einmal Großmutter bist, wirst du an mich denken.“

Nicht erst dann, das wusste Marie schon jetzt!

# 9. Sonntag

Der Apfelkuchen war eine Sensation. Schon sehr lange hatte die Abteilung nicht mehr so fröhlich zusammen gesessen. Marie hatte gleich am Montag zu einer kleinen Kaffeerunde eingeladen. Ganz bewusst hatte sie sich neben Frau Frey gesetzt, die ihr tatsächlich das Du angeboten hatte. Sie hieß Rieke. Rieke Frey.

Früher wäre für Marie allein schon der Name ein Witz gewesen. Spießiger konnte man ja wohl nicht heißen! Nun machte sie sich eher Gedanken, was sie alles in Riekes Leben hineingedichtet hatte: den Ehemann, die Einbauküche, die Wohnzimmerschrankwand und selbstverständlich auch eine Brotbackmaschine, dabei lebte Rieke in einer Frauen-WG. Die Wohnung war voller alter Möbel; sie hatte sie Marie genau beschrieben.

Nicht nur, dass sich Marie – wider alle Erwartung – gut mit Rieke unterhalten hatte, nein, sie fragte sich auch, wie oft sie wohl falsch lag bei

ihren munteren Lebensstilinterpretationen. Und nicht auszudenken, was wohl andere alles über sie so fantasierten. Sie wollte, was das anging, in Zukunft vorsichtiger sein. Viele andere Dinge hatte sie bereits verändert. Beim Grüßen sah sie den Menschen jetzt bewusster in die Augen, und wenn sie jemandem die Hand gab, dann gab sie sie auch richtig, das heißt, ihre Gedanken waren auch dabei. Immer häufiger verbrachte Marie nun auch ihre Mittagspause mit Kollegen und knabberte nicht mehr alleine in ihrem Zimmer an einer Butterbrezel. Gemeinschaft war ihr wichtig, und so freute sie sich sehr, als es endlich Mittwoch war, der Tag, an dem die Bilder ihren Platz bekommen sollten.

Marie war mitten in den Vorbereitungen, als der durchdringende Ton des Telefons sich meldete. Sie war in Eile, aber diese Arbeit ging vor. Es war Charlotte am anderen Ende. Ausgerechnet jetzt im Büro und dann auch noch Charlotte … sie rief doch nie an …

„Ist etwas passiert?“, wollte Marie auf der Stelle wissen.

„Nein, ich habe nur genug von der Stubenhockerei! Das wollte ich dir sagen“, kam Charlotte sofort auf den Punkt.

„Ich werde wegfahren und zwar zur Trude in die Pfalz. Sie lebt in einem Häuschen und hat Platz. Ich brauche mal wieder ein paar andere Wände um mich herum.“

Charlottes Stimme war voller Energie. Marie hörte heraus, dass sie endlich aus der Wohnung wollte. Die Hüfte war nun soweit geheilt, dass Charlotte – so sie ihren Stock zu Hilfe nahm – sehr gut allein reisen konnte. Ich werde sie zur Bahn bringen, dachte Marie.

Trude und Charlotte kannten sich schon seit Kindertagen. An Char-

lottes Geburtstagen durfte Trude niemals fehlen. Wenn sie anreiste, dann immer mit Geschenken, einer Torte und Leckereien für die Kinder.

„Sicherlich steht sie bereits in der Küche und brät die ersten Klopse!" Charlotte lachte reisefreudig. „Kurzum, damit ich planen kann, wollte ich wissen, ob du nächsten Sonntag noch einmal kommst. Die Pflegezeit ist ja nun vorüber …"

„Sprichst du von deiner oder meiner?", fiel ihr Marie sofort ins Wort. Charlotte wollte noch immer nicht wahrhaben, wie sehr sie Marie geholfen hatte. Marie fühlte sich wie neugeboren. Vieles erschien ihr leichter. Natürlich auch, weil sie liebte. Ihrem Herzen waren Flügel gewachsen. Wie ein kleines weißes Täubchen begann es zu gurren und mit den Flügeln zu schlagen, spürte es Daniel in seiner Nähe. Keine Frage, Marie war verliebt und zwar über alle beiden Ohren. Dass sie sich soweit hatte öffnen können, war sicherlich auch Charlottes Werk. Nach dieser traurigen Trennung von Sebastian war sie es gewesen, die Marie geholfen hatte, wieder Vertrauen in die Zukunft zu entwickeln. Marie freute sich, dass Charlotte wieder reisen konnte, andererseits verspürte sie auch einen kleinen Stich. Bedeutete ihre Reise nun, sich von einer lieben Gewohnheit zu verabschieden?

„Du wirst mir fehlen!" Ihre Stimme klang sehr traurig.

„Ich bin noch nicht tot!" Charlottes Stimme nicht.

Ganz im Gegenteil, Marie meinte sogar, einen neckischen Unterton darin zu entdecken. Was war los, würde Charlotte diese Nachmittage mit ihr denn nicht vermissen?

„Halloooo …“

Charlotte weckte Marie aus ihren schweren Gedanken auf. Sie entspann das heitere Szenario eines unbekümmerten Sonntagmorgens und schilderte Marie das Aufwachen neben Daniel und der Planung eines fröhlichen, freien Tages. „Und dann willst du sonntags immer zu mir?“

Marie verneinte. Sie ahnte schon, worauf Charlotte hinauswollte.

„Ich weiß, was du mir sagen willst!“, unterbrach sie deswegen deren Schilderungen von Telefonaten, Besuchen und immer wiederkehrenden Sonntagskuchen.

„Es ist gut – hör auf, ich habe verstanden!“

Es stimmte, es war Zeit, auch hier etwas zu verändern.

„Aber diesen Sonntag komme ich noch einmal“, bestand Marie auf das ordentliche Ende dieses alten, schönen Rituals.

Einen Moment lang blieb Marie noch sitzen. Draußen kamen die ersten Gäste. Sie hörte Lachen und munteres Geplapper. Es hatte dann doch alles sehr schnell geklappt. Sigrid hatte die Gedanken und Verse sehr hübsch gestaltet, und die Rahmen gaben allem den letzten Glanz. Marie war stolz auf ihre kleine, große Tat. Manchmal nützte es doch etwas, wenn man an einer Idee festhielt. Auch ihre Kollegen waren voll des Lobes. Die Zitate regten an, waren aber keinesfalls belehrend. Darauf hatte Marie geachtet. Wie Charlottes Kuchenweisheiten waren sie charmant und niemals moralinsauer. Keiner brauchte sich abzugrenzen, weil sie sich niemandem aufzwangen.

„Alles klar?“ Daniel steckte den Kopf durch den Türspalt, und Marie nickte bestätigend. Er winkte mit einer Flasche Sekt und warf ihr eine Kusshand zu. „Komm doch!“, bat er sie. Marie stand auf. Sie war ein wenig nachdenklich. Nicht so fit, wie sie es sich wünschte. Irgend etwas brütete sie wohl aus. Eine Erkältung, etwas mit dem Magen... Marie dachte nach und zog ihren Kalender aus der Tasche. Wann war eigentlich das letzte rote Kreuz?

Der nächste Sonntag kam viel zu früh. Marie hätte gern diesen vorerst letzten Besuch ein wenig hinausgezögert. Sie hatte Daniel bereits sehr viel von Charlotte erzählt, fand aber, dass es für ein Kennenlernen der beiden noch zu früh war. Sie hatte sich vorgenommen, diesen Nachmittag mit Charlotte ganz bewusst zu genießen. Wenn Charlotte erst einmal bei Trude war, dann konnte man nicht sicher sein, wann es sie wieder nach Hause zog. Mit etwas Wehmut im Bauch bog Marie ein in die Straße zu ihrer Großmutter und dachte daran, wie es ihr damals bei dem ersten Besuch ergangen war. Wie viel war seitdem passiert! Marie hatte ihre eigene Mitte gefunden. Diese neue Selbstsicherheit bedeutete ihr viel Kraft und Glück. Jeden Tag erfuhr sie sich auf eine neue Weise. Sie hatte den Wunsch, auf diesem Weg immer weiter zu gehen. Er roch nach Abenteuer und vielen anderen schönen Erfahrungen.

Marie hatte für Charlotte ein kleines Geschenk dabei. Etwas, das diese an sie denken ließ. Es war ein kleines Notizbuch. Marie hatte Seite für

Seite mit Buntstiften umrandet und bemalt. Sie hatte gepresste Vergissmeinnicht hineingeklebt und außerdem ein Bild von früher, das im Garten aufgenommen war. Es zeigte die kleine Marie, die wie ein Hase unter dem Fliederbusch im Garten hockte. Tatsächlich war ihr auch ein vergilbtes Foto in die Finger gefallen, auf dem die ganze Familie abgelichtet war und, wie war es anders zu erwarten, Streuselkuchen aß. Marie war sehr gerührt gewesen, als sie es entdeckt hatte. Damit auch Greta einen Platz in dem Büchlein fand, war sie mit ihr noch gestern in einen Schnellautomat gesprungen. Auf dem Passfoto sah man die beiden Frauen, wie sie die Köpfe zueinander steckten. Man hörte sie vor Freude aus dem Bild heraus quieken. Die anderen Passfotos hatten sich Greta und Marie untereinander aufgeteilt. Es war eine rührende Freundinnenerinnerung für beide.

Daniel hatte darauf bestanden, ebenfalls in dem Buch ein Plätzchen zu bekommen. Auf der siebten Seite hatte er sein Lieblingsgedicht notiert und *Auf hoffentlich bald!* darunter geschrieben. Sebastian wäre auf so etwas nie gekommen, dachte Marie. Aber gut, dafür fielen ihm vielleicht andere Dinge ein. Sie hatte die Gedanken an ihn, Sebastian, nicht weiter festgehalten.

Das Büchlein war außen grün kariert, die Seiten hatten goldene Ränder. „Ein hübscher Reisebegleiter", hatte die Verkäuferin erraten. Marie beneidete Charlotte fast darum. Sie würde auch ihr Notizbuch auch mit Fotos und kleinen Zettelchen ausschmücken. Es war ein richtiges Kunstwerk, fand Marie, und sie wollte diese besondere Freude auch anderen Menschen bereiten.

Wie jeden Sonntag erwartete Charlotte Marie bereits am Fenster. Sie hatte die Gardine zurückgezogen und winkte ihr fröhlich lachend zu. Ihre Haare waren frisch gefärbt und die Dauerwellen neu. Schön, dass sie noch immer so viel auf sich hält, dachte Marie und betrachtete sich ihre eigenen verblichenen Spitzen. Es war nichts zu machen, Charlotte war ihr immer einen Schritt voraus, doch Marie fühlte sich davon eher angeregt als genervt.

„Hallo", rief sie hoch und schwenkte ihre Tasche. „Omili!"

Charlotte verschwand am Fenster, und bald summte der Türöffner in nun schon altvertrauter Weise. Alles hat heute eine besondere Bedeutung, dachte sie für sich.

„Mein Mädchen", begrüßte sie Charlotte. „Du siehst zauberhaft aus. Mit jedem Sonntag wirst du schöner."

„Mit jedem Sonntag geht es mir auch besser", antwortete Marie und küsste Charlotte auf die Wange. „Hast du etwas Leckeres gebacken? Ich habe Hunger zum Umfallen, und ich bin ein wenig traurig, dass du weg fährst und mich hier allein sitzen lässt."

„Allein? Na, du machst mir vielleicht Spaß." Charlotte zwinkerte Marie zu. „Ist frisch verliebt und jammert nach der alten Oma. Hat man da noch Töne?"

Marie antwortete mit einem kleinen Schmollmund.

„Ich bin aber wirklich ein wenig traurig", beteuerte sie. „Du fehlst mir jetzt schon sehr!"

„Na, dann ist meine Donauwelle ja heute goldrichtig!" Charlotte ging mit Marie eingehakt zur Küche. „Donauwelle streichelt das Gemüt. Wenn man sie richtig zu essen versteht, ist sie leichter als jeder Walzer. Sie tanzt

auf der Zunge und hinterlässt ein leichtes Schwindelgefühl. Viele Menschen stopfen sie leider nur in sich hinein, was bedeutet, dass ihre Musik nicht zum Klingen kommt. Dabei ist es wie mit allen Kuchen, man muss sich für sie Zeit nehmen, damit sie ihren ganzen Geschmack entfalten. Ach, ich hätte Philosophie studieren sollen. Kuchenphilosophie, wenn es so etwas überhaupt gibt."

Es war sehr schön, Charlotte so aufgeräumt zu sehen. Ganz offensichtlich war sie schon im Reisefieber. Sie hatte Trude eine Weile nicht gesehen, und beide hatten sich sicherlich eine Menge zu erzählen. Hoffentlich kennen Greta und ich uns noch in diesem Alter, wünschte sich Marie. Ich möchte mich auch im Alter noch so sehr auf sie freuen! Charlotte war aufgedreht wie ein junges Mädchen. Beim Erzählen griff sie sich in die neuen Locken, und freudig zeigte sie Marie ein Kleid, dass ihr nun endlich wieder passte.

Als Marie auf ihren Teller schaute, entdeckte sie darauf ein kleines Päckchen. Schnell, damit es Charlotte nicht bemerkte, legte sie ihr Geschenk auf deren Platz. Sie wusste, ihre Großmutter würde sich sehr freuen.

„Was ist denn das?", rief diese und packte es schnell aus. Viele Ooohs und Aahs folgten ihrem Dank. Sie blätterte und stöberte und hatte einen großen Spaß. Marie griff nun auch nach ihrem Päckchen. Es war sehr klein und leicht.

„Ein Schmuckstück?", begann sie zu raten.

„Pack aus!", befahl Charlotte, ohne aus ihrem Büchlein aufzublicken. Sie hatte gerade Daniels Gedicht entdeckt.

# Donauwelle

*Für den Teig*
*4 Eier*
*250 g Butter*
*200 g Zucker*
*1 Päckchen Vanillezucker*
*1 Prise Salz*
*500 g Mehl*
*1 Päckchen Backpulver*
*125 ml Milch*
*40 g Kakao*
*450 g Sauerkirschen*
*ohne Stein*

*Für die Creme:*
*1 Päckchen*
*Puddingpulver*
*60 g Zucker*
*½ l Milch*
*250 g Butter*

Eier, Butter, Zucker, Vanillezucker und Salz cremig weiß aufschlagen. Anschließend das mit dem Backpulver gesiebte Mehl und die Milch untermischen. Den Rührteig in zwei Hälften teilen und unter eine Hälfte den gesiebten Kakao rühren. Beide Teige auf ein gefettetes Backblech streichen und mit einer Gabel durchziehen. Zum Schluss die Sauerkirschen auf der Oberfläche verteilen.

Bei 180 °C ca. 40 Minuten backen.

Aus Milch, Zucker und Puddingpulver einen Pudding kochen. Die Butter weißcremig aufschlagen und mit dem ausgekühlten Pudding abwechselnd verrühren. Anschließend über den ausgekühlten Kuchen streichen und zum Schluss mit Schokoguss überziehen.

Als das Papier entfernt war, fand Marie ein kleines altes Schächtelchen. Es war gepolstert und hatte einen Druckverschluss. Als es aufsprang, entdeckte Marie ein paar alte Ohrringe. Sie erkannte sie sofort. Es waren die Ohrringe, die Charlotte auf dem alten Foto getragen hatte. Sie waren wunderschön. Zwei Aquamarinsteine gefasst in geschliffenes Gold.

„Sind die schön!“ Marie ging vor den Spiegel und zog sie an. Sie standen ihr wie kein anderes Paar Ohrringe zuvor.

„Ja, ja“, sagte Charlotte noch immer ganz in das Buch versunken. „Sie sind wie Perlen auf dem Grund eines Ozeans. Erst wenn die richtige Frau sie trägt, beginnen sie zu glänzen und zu funkeln. Sie haben viele Jahre auf dich gewartet, behandele sie gut!“ Sie sah auf und betrachtete Marie mit strahlenden Augen. „Du siehst zauberhaft mit ihnen aus. Sie schmücken dich auf eine ganz besondere Art.“

Während Marie aufsprang und zum Spiegel eilte, schenkte Charlotte den Kaffee ein. Der Duft zog durch die Wohnung. Marie schnupperte mit der Nase. Sie hatte keinen Kaffeedurst, und sie wusste auch den Grund. Im Augenblick konnte sie manches nicht so gut vertragen.

„Ich freue mich sehr, und ich werde die Ohrringe wie einen Schatz hüten.“ Marie küsste Charlotte auf die Wange. „Ich danke dir so, dass ich es gar nicht sagen kann. Manchmal kommt es mir vor, als sähe ich das Leben gänzlich neu.“

„Weißt du“, sagte Charlotte und legte Marie ein Stück Donauwelle auf den Teller, „mit diesem Kuchen ist es wie mit dem Leben. Du denkst, was für ein langweiliger Blechkuchen das hier ist, und dann schneidest du ihn auf und bist überrascht. Nicht nur, dass er zwei verschiedene Farben hat,

nein, da gibt es noch Creme und Schokoguss und zu allem Überfluss sind auch noch Kirschen darin. Das Auf und Ab des Kuchens erzählt dir vom Auf und Ab der Tage, und die Kirschen flüstern dir zu, dass alles auch sehr heiter ist."

„Denn sie tragen die Sonne in sich ...", sagte Marie den Spruch auf, den sie inzwischen kannte.

Charlotte nickte anerkennend. Ihre Enkelin hatte verstanden!

„Wir Menschen sträuben uns bloß dagegen. Wir wollen entweder nur die Sahne oder den Schokoguss oder die Kirschen oder den Teig, aus lauter Angst, wir könnten zu kurz kommen, oder eine Sache würde uns überfordern. Dabei ist doch nur die gesamte Komposition ein Genuss. Ich schätze, der Erfinder der Donauwelle war ein Wiener, und wenn nicht, dann ist es mir auch egal. Wenn ich ein Stück Donauwelle esse, dann sitze ich im Riesenrad und zwinkere mit dem linken Auge dem Stefansdom zu. Beim Riesenradfahren glaube ich ja auch daran, dass es nach dem Unten wieder ein Oben gibt, wieso sollte es im Leben anders sein?"

„Und damit sind wir schon wieder mitten im Thema." Marie ließ ein Stück Kuchen in ihrem Mund zergehen. Die Donauwelle schmeckte fantastisch.

„Alles gehört zusammen, bedingt sich gegenseitig. So ist das eben. Wenn du jeden Sonntag zu mir kommst, kannst du keine Ausflüge mit Daniel machen. Wenn Sebastian nicht gegangen wäre, hättest du nicht nach mir geschaut."

Marie protestierte.

„Also gut ... aber vermutlich nicht so oft."

Dagegen konnte Marie nichts einwenden. Dass so schöne Dinge aus einem solchen Schmerz heraus entstehen können, dachte sie bei sich und hörte Charlotte weiter zu. Sie fand immer einen Kuchen-Dreh, es war unglaublich.

„Wir müssen uns dem Auf und Ab des Lebens hingeben, mit ihm schwimmen. Wenn wir anfangen, gegen die Strömung zu rudern, wird es schmerzlich. Manche Dinge müssen wir einfach gehen lassen. Entweder sie kommen wieder oder nicht.“

Mit diesen Gedanken konnte sich Marie nicht anfreunden, denn sie war es gewohnt, die Dinge in die Hand zu nehmen und sie zu kontrollieren.

„Aber man muss doch auch für etwas kämpfen! Man kann doch nicht alles nur hinnehmen.“

„Deine Seele sagt dir schon, wann es Zeit ist zu kämpfen. Verlass dich darauf. Denk an deine schöne Sprücheausstellung im Büro! Haben wir überhaupt schon darauf angestoßen?“

„Nein, das haben wir nicht. Lass uns auch lieber dafür in den Arm nehmen, ich mag den Alkohol gerade nicht so sehr.“

„Du bist aber nicht krank?“ Fürsorglich betrachtete sich Charlotte ihre Enkelin. Nein, nein. Auf keinen Fall. Marie war wunderschön, und ihre Augen waren voller Glanz.

„Wir müssen lernen zu vertrauen und auf den Wellen zu reiten. Es gibt im Leben immer einen Anfang und ein Ende. Wenn es das nicht gäbe,

dann blieben wir auf der Stelle stehen. Sich weiterbewegen bedeutet auch, Neues zu erfahren. Das Ende ist der Anfang, die Geburt zugleich. Die Donauwelle hat die gleiche Botschaft wie das Gedicht von Hermann Hesse, das dir sagt: „Heiter sollst du Raum um Raum durchschreiten.“ Festhalten gilt nicht. Wenn wir nicht loslassen können, dann nimmt uns das Leben das übel. Dann sind wir Spielverderber und lassen keine Abenteuer zu. Stell dir vor, ich hätte immer an allen Ritualen und Menschen festgehalten. Nicht auszudenken wäre das!“

„Aber gerade Rituale sind doch wichtig!“ So schnell gab Marie nicht nach.

„Klar“, Charlotte aß ein Stück Kuchen. „Aber man muss sie hin und wieder auch verändern. Dem Leben anpassen. Wir verändern uns und die Rituale tun es auch. Du brauchst nicht traurig zu sein, dass ich wegfahre und du brauchst nicht traurig zu sein, dass du nicht mehr an den Weihnachtsmann glaubst. Ich komme wieder, und für den Weihnachtsmann hast du nun ein anderes Ritual. Was weiß ich, Amor oder eine Fee, die du mit einem Spruch bezirzt. Es ist so wie mit der Raupe.“

Raupe? Überlegte Marie.

„Der Raupe Ende ist des Schmetterlings Beginn. Der Schmetterling lebt, weil die Raupe stirbt. Aber eigentlich weiß ich auch nicht, ob beide nicht sogar eins sind. Für mich hängt im Leben alles zusammen. Abschied und Neubeginn. Nur möchten wir das manchmal nicht glauben.“

Sie schnitt noch weitere Stückchen Donauwelle auf. Auch wenn Marie gleich platzte, wusste sie, dass sie noch eines von den kleinen Stück-

chen naschen würde. Während sie mit dem Blick den Kuchenteller streifte, konnte sie sich einen Gedanken nicht verkneifen. Es gab da etwas, das sie Charlotte unbedingt noch sagen musste. Marie hatte ein kleines, überwältigendes Geheimnis mit an den Kaffeetisch gebracht.

„Apropos kleine Raupe“, Marie schmunzelte und errötete dabei ein wenig, „ich möchte dir noch etwas verraten.“ Sie rutschte zu Charlotte, schmiegte sich an sie heran und flüsterte ihr ein paar Worte in das Ohr. Charlotte hörte zu, ihre Augen wurden riesig, und vor Erstaunen öffnete sie den Mund.

„Jetzt schon!?!“, stammelte sie glücklich überrascht und drückte Marie mit der ganzen Kraft einer Großmutter an ihre Brust. „Ich kann es gar nicht fassen, mein kleines Mädchen. Und Daniel …?“ Fragend zog sie ihren Kopf ein Stück zurück.

„Ist überglücklich …“

Sanft lehnte sich Marie an ihre Großmutter wieder an, und so, als wenn nichts wäre, pickte sie sich eine verirrte Rosine aus dem Kuchen.

Ihr Lächeln dabei war sehr fraulich und sehr weich.